오징어 게임 심리학

La psychologie selon Squid Game

일러두기

1. 본문의 주는 저자 주다. 옮긴이의 것인 경우 '옮긴이 주'로 표기했다.
2. 단행본이나 신문은 『 』로, 영화나 비디오게임 등의 영상 콘텐츠는 〈 〉로 표시했다.

LA PSYCHOLOGIE SELON
SQUID GAME

오징어 게임
심리학

orangeD

한국어판 서문

2021년 9월, 기차를 타고 있었고 내 옆자리에 앉은 승객은 노트북으로 어떤 드라마를 보고 있었다. 화면을 흘깃 보니 똑같은 운동복을 입은 동양인들이 거대한 시설 안에서 우왕좌왕 정신없이 움직였고 때로는 서로 치고받으며 총을 겨누기도 했다. 나는 금방 관심을 거두었다.

이튿날, 다시 기차에 올랐다. 도착역에 내린지 얼마 되지 않아 함께 일하는 편집자로부터 전화가 걸려 왔다. "〈오징어 게임〉이라는 드라마 혹시 아세요? 한국 드라마인데, 정말 이제껏 보지 못한 굉장한 작품이에요. 사회적 현상이 될 법한데, 관련해서 책 한번 써 보지 않을래요?" 편집자는 나 같은 심리학자라면 관심을 갖지 않을 수 없을 정도로 열변을 토하며 작품에 대해 설명하기 시작했다. 듣자 하니 게임 참가자들뿐만 아니라 게임을 주최하는 일부 '악인'들도 매 순간 도덕적 딜레마에 빠지는 것 같았다. 게임 참가자들의 연합과 배신이라는 진부한 스토리가 아니었다. 〈오징어 게임〉은 속임수에 관한 윤리적 질문, 비인간적 사회, 참가자들이 게임에 임하는 태도, 그들의 어린 시절이 현재에 미치는 영향, 그리고 각자가 직면한 어려움을 극복하는 방식을 다루고 있었다.

나는 편집자에게 우선 두 개의 에피소드를 본 후에 답을 주겠다고 했다. 다음 날, 나는 그저께 기차 옆자리 승객이 보던 바로 그 드라마, 〈오징어 게임〉을 보기 시작했다. 첫 번째 에피소드부터 나는 드라마에 빠져들었다. 특히 마지막에 등장한 무궁화 꽃이 피었습니다 게임 장면은 가히 충격이었다. 그런데 내가 드라마에 본격적으로 진짜 빠져든 건 두 번째 에피소드부터였다. 예상을 완전히 벗어난 스토리에 자극적인 장면이 전혀 없는데도 나는 드라마에 완전히 몰입했다. 다음 에피소드를 볼 필요도 없이 나는 편집자가 제안한 모험을 해 보겠노라 결심했다. 기훈처럼 게임에 뛰어든 것이다! 그러나 기훈처럼 목숨을 내걸 필요까지는 없었으니 얼마나 다행인가!

내가 감수해야 하는 것은 한국 독자들의 반응이다. 한국 정서를 잘 알지도 못하는 한 희한한 프랑스인이 한국 드라마에 관한 글을 썼다고 생각할 것이다. 이 책은 애초에 한국어로 번역될 가능성이 조금도 없었다. 그런데 인생이 어디 뜻대로만 굴러가는가. 나는 또 게임에 말려들고 말았다! 〈오징어 게임〉에 대

6

한 나의 분석으로 한국 독자들이 새로운 시각을 갖게 되기를 바라본다. 또한 한국 독자들 역시 내가 생각하는 〈오징어 게임〉의 진정한 주제, 즉 최선의 상황에서든 최악의 상황에서든 가면 너머로, 그리고 피투성이가 된 일그러진 얼굴 너머로 어김없이 드러나는 끔찍하면서도 경이로운 인간의 복잡성에 관심을 가지기를 기대해 본다. 그것은 비단 특정 문화와 국가에 국한된 문제가 아닌, 인간 보편의 문제이기 때문이다.

2022년 7월
장프랑수아
마르미옹

차례

등장인물

성기훈(456번)
〈오징어 게임〉의 주인공. 잇따른 불운으로 인생이 꼬일 대로 꼬여 버린 루저. 어머니의 병을 치료하고, 계부를 따라 미국으로 간다는 딸을 붙잡기 위해 큰 돈이 절실하다. 오징어 게임에 참가하기로 결심한 기훈은 게임에서 우승하리라 다짐한다.

조상우(218번)
기훈의 어린 시절 동네 후배. 기훈이 노력했더라면 가질 수 있었을 모든 것을 다 가졌다. 일류 대학을 나와 전문직으로 승승장구하며 모든 이의 부러움을 한 몸에 받지만, 고객의 돈을 빼돌려 투자하다 실패해 거액의 빚더미에 앉는다. 모두의 생각처럼 자신이 완벽하지 않다는 사실에 괴로워하던 상우는 벼랑 끝에서 오징어 게임에 참가한다.

강새벽(067번)
탈북민 출신. 가족 모두 탈북을 시도했지만 본인과 남동생만 한국으로 건너오는 데 성공했다. 남동생과 함께 살려면 돈이 필요해 오징어 게임에 참가한다. 게임에 공포와 환멸을 느끼고 모두를 경계하면서도 이기겠다는 의지만은 확고하다.

장덕수(101번)
456명 참가자들 중 최고의 빌런. 잔혹하고 카리스마 넘치며 조폭 두목처럼 행동하는 파렴치한이다. 누구도 그의 승리를 원치 않지만, 덕수는 기막힌 찬스를 잡는다.

한미녀(212번)
한편이 되어 자신을 보호해 줄 사람을 찾기 위해 누구든 가리지 않고 접근한다. 명확하게 단정 짓기 어려운 인물이다. 미녀는 허언증 환자, 미치광이, 악녀, 어린아이, 고도의 전략가 모습을 모두 보여 준다.

알리 압둘(199번)

파키스탄 출신 외국인 노동자. 일하던 사업장에서 산재를 입지만 사장에게 착취만 당하다 결국 큰 사고를 친다. 가족의 생계를 책임지기 위해 오징어 게임에 참가하고, 다방면에 뛰어난 상우와 가까워진다. 한눈에 보기에도 파리 한 마리 죽이지 못할 것 같은 그의 성정은 게임에서 방해가 될 뿐이다.

오일남(001번)

선량함을 두른 백발노인. 노쇠한 데다 뇌종양에 걸려 이따금 치매 증상까지 보인다. 기훈의 수호천사이자 걸림돌이다. 게임을 순수하게 즐기는 것처럼 행동하는 유일한 참가자다.

지영(240번)

자신을 성폭행하고 어머니에게 폭력을 일삼는 아버지를 둔 지영은 지옥 같은 상황에서 살아남았다. 비슷한 아픔을 가진 새벽과 자매의 정을 나눈다. 삶에 대한 애착도, 게임을 이기겠다는 의욕도 없다.

병기(111번)

수술 실패로 환자를 죽인 경력이 있는 의사. 장기를 밀매하는 일부 진행요원을 도와 장기를 적출하고, 그 대가로 다음 게임의 결정적 힌트를 얻는다.

황준호

실종된 형을 찾기 위해 오징어 게임에 잠입하는 경찰. 진행요원으로 위장해 형의 행방을 쫓는 한편 오징어 게임에 숨겨진 비밀을 파헤친다.

프론트맨

정체불명의 호스트를 대신해 오징어 게임을 진행한다. 게임에서 가장 중요한 요소는 '평등'이라는 신념을 갖고 있다.

들어가며

게임을
시작합니다,

무엇한 꽃이
피었습니다!

기훈의 이야기를 듣고 경찰 김상혁처럼 반응하지 않을 사람이 몇이나 될까? 모자를 대충 눌러쓰고 어딘가 좀 모자라 보이며 어머니 집에 얹혀사는 기훈은 파출소로 들어가 상혁에게 오징어 게임의 존재를 알린다. 456명의 사람들이 흰 줄이 간 청록색 체육복을 입고 어딘지 모를 장소에서 다 함께 무궁화 꽃이 피었습니다 게임을 했고, 게임에서 탈락한 사람들이 가차 없이 처형당했으며, 생존한 사람들이 게임을 중단하고 그곳에서 풀려났다고 철없는 중년 남성 기훈이 주장한다. 기훈의 이야기를 들은 상혁은 어이없어하며 기훈을 정신병자 취급한다.

우리 역시 누군가로부터 기상천외한 오징어 게임에 대해 들었다면 상혁과 비슷한 반응을 보일 것이다. 무궁화 꽃이 피었습니다 게임을 하는 장면은 이 드라마에서 가장 유명한 장면이다. 실제로 〈오징어 게임〉은 〈배틀로얄〉, 〈헝거게임〉 또는 서바이벌 게임 〈포트나이트〉의 변주로, 경제적으로 벼랑 끝에 몰린 수백 명의 사람들이 죽고 죽이면서 최종 승자가 되어 거액의 상금을 따내는 이야기다. 익숙한 전개이지만 〈오징어 게임〉은 훨씬 극단적이고 기괴하다. 그런데 이게 무슨 일인가! 〈오징어 게임〉을 보다 보면 그런 일이 실제로 일어날 수 있겠다는 생각이 절로 든다. 적어도 심리적으로 복잡한 양상을 드러내는 극 중 인물들이 실제로 존재할 수도 있겠다고 생각하게 된다. 그들이 게임에 제기하는 의문, 그들의 감정, 그들의 선택, 다양한 게임의 규칙, 그리고 게임 밖 세상에서의 그들의 실제 삶이 일상 속 우리를 괴롭히는 것들을 구체적이고도 뚜렷하게 보여 주기 때문이다. 그렇게 〈오징어 게임〉의 각본과 연출을 맡은 황동혁 감독은 정통 액션물을 좋아하는 시청자뿐 아니라 심리 스릴러물을 좋아하는 시청자의 마음까지 사로잡으며 큰 성공을 거두었다.

〈오징어 게임〉이 작품 배경인 한국에서 거둔 성공을 분석하는 작업은 인류학자를 비롯한 사회학자, 역사학자의 몫이다. 하지만 〈오징어 게임〉이 세계적으로 큰 화제를 불러일으키며 전 세계 시청자들의 공감과 흥미를 이끌어 냈다면, 이번에는 철학자와 심리학자가 나설 차례다. 〈오징어 게임〉 마지막 화에서 기훈은 오징어 게임 참가자 모집책에게 이렇게 항변한다. "잘 들어, 난 말이 아니야. 사람이야. 그래서 궁금해. 너희들이 누군지, 어떻게 사람에게 이런 짓을 할 수 있는지." 2021년 11월 황동혁 감독은 〈오징어 게임〉 시즌 2 제작을 공식화했다. 시즌 2를 기다리며 우리 나름대로 〈오징어 게임〉을 분석해 보는 것도 재미있지 않을까?

덧말 1 : 이 책을 읽는 여러분은 〈오징어 게임〉을 끝까지 다 보셨으리라. 만약 아직 안 보신 분들이 있다면, **스포일러에 주의하시라!**

덧말 2 : 〈오징어 게임〉의 진행요원은 동그라미(○), 세모(△), 네모(□)가 그려진 가면을 쓰고 있다. 동그라미는 잡일하는 요원을, 세모는 병정을, 네모는 관리자를 의미한다. 동그라미는 한글 자음 이응(○), 세모는 시옷(ㅅ), 네모는 미음(ㅁ)과 생김새가 유사하다. 세 개의 기호는 '오징어 게임'이라는 글자에서 따온 것으로 보인다. 따라서 '오징어 게임'은 드라마 제목이면서 참가자들이 통과해야 하는 여섯 개의 게임을 말하며, 동시에 노쇠한 악동 오일남이 구상한 모든 게임의 장치를 의미하기도 한다. '오징어 게임'이라는 글자는 'ㅇ', 'ㅈ', 'ㅁ'이 빨간색으로 강조되어 드라마 1화의 흑백 도입부에 등장했다가 피범벅이 되어 모든 사람들이 죽어 나간 이후인 9화 마지막 장면에 다시 등장하며 강렬한 인상을 남긴다.

#1

사람들은 왜
〈오징어 게임〉에
열광할까?

"6.25 이후에 최대의 비극이다. 그렇지?"
_6화, 새벽에게 건네는 지영의 대사

1.

몰입도를 더하는

예측 불가능한 전개

엇갈리는 호평과 혹평

오래전 로큰롤은 악마의 음악이라 비난받았다. 〈그렌다이저〉, 〈하록〉, 〈북두의 권〉 같은 초기 일본 만화가 서양에서 폭발적인 인기를 얻었을 때는 또 어떤가. 사람들은 그런 만화들 때문에 앞날 창창한 서양의 젊은이들이 바보가 되어 가고 있다고 목소리를 높였다. 〈오징어 게임〉은 그때만큼이나 평론가들 사이에서 뜨겁게 회자되고 있다. 그리고 그때만큼이나 호평과 혹평이 엇갈린다.

지나치게 폭력적이다, 수준 이하다, 퇴폐적이다, 이밖에도 이런저런 이유를 들어 〈오징어 게임〉을 혹평하는 사람들이 있다. 무궁화 꽃이 피었습니다 게임 장면이 무척이나 폭력적이고 잔인하다는 이야기를 어디선가 듣고는 지레 질려 버려 〈오징어 게임〉을 보지도 않은 사람들이 주로 하는 말이다.

또는 드라마를 다 보고 나서 '끝까지 다 봤지만 별거 없네'라고 생각하는 사람들이 있다. 그것은 그저 취향의 문제이다.

우리는 여기서 〈오징어 게임〉에 관해 가장 궁금한 질문을 던지며 시작하려 한다. 사람들은 대체 왜 〈오징어 게임〉에 열광하는 것일까?

- 등장인물의 섬세한 심리 묘사와 흥미로운 스토리 전개
- 이야기에 숨겨진 함의를 발견하고 싶은 욕구
- 〈오징어 게임〉을 두고 벌이는 토론의 즐거움
- 암울하고 폭력적인 장면을 기꺼이 참아 냈다는 성취감
- 피 튀기는 장면이 많아서
- 〈브이 포 벤데타〉나 〈조커〉에 이은 또 다른 안티히어로가

등장 등 이유는 다양하다.

여태까지 기존 정치나 경제 권력에 저항하는 안티히어로가 가이 포크스▽ 가면을 쓴 브이(〈브이 포 벤데타〉)나 조커의 모습을 하고 나타났다면, 〈오징어 게임〉의 안티히어로는 청록색 체육복을 입고 나타난다. 그런데 가장 의외로운 지점은 기존의 사회질서를 부정하는 사람들은 어중이떠중이로 모인 참가자들이 아니라 오히려 진행요원들이라는 것이다. 그를 반증하듯 진행요원들은 기존 안티히어로들처럼 가면으로 얼굴을 가리고 등장한다.

지루할 틈을 주지 않는 여섯 개의 게임

〈오징어 게임〉에 열광하는 모든 사람들은 아홉 개의 에피소드를 보는 동안 완전히 몰입했노라고 입을 모아 말한

▽
Guy Faukes. 1605년 11월 5일 가톨릭 탄압에 대항해 영국 국회의사당을 폭파시키려 했다. 현대 대중문화에서 '저항'과 '아나키즘'의 상징으로 기능한다.―옮긴이 주

다. 〈오징어 게임〉을 보기 시작하면 절대로 중간에 멈출 수가 없다. 드라마 속 VIP들이 삶의 권태를 떨치기 위해 별의별 방법을 다 동원하는 반면, 시청자들은 한시도 지루함을 느끼지 못한다. 게임의 수는 많지 않지만(전체 9화 중 여섯 개의 게임), 그렇다고 장면을 인위적으로 과장하지도 않는다. 미국 드라마와 달리 〈오징어 게임〉은 귀에 거슬리는 피아노 연주곡을 배경으로 러브 스토리를 끼워 넣거나, 멀리서 울려 퍼지는 트럼펫 연주를 배경으로 대중에게 호소하는 감동적인 연설을 덧붙이지 않는다. 장황하게 대사를 늘어놓지도 않는다. 몇몇 게임은 무척 극단적이지만 대체로 복잡하지 않다. 이 희비극 속 엑스트라 440명을 포함한 456명에게는 어떤 군더더기도 없다. 그야말로 알맹이만 남아 있다. 무엇보다도 도저히 예측할 수 없는 등장인물의 행동과 스토리가 몰입감을 자극하면서 우리는 잠시도 한눈을 팔 수 없다. 대표적인 장면들을 살펴보자.

• 1화에 등장하는 양아치 같은 두 남자는 눈에 띄는 외양으로 드라마에서 중요한 역할을 할 것이라고 기대하게 하지만…… 예측은 빗나간다. 그들은 다른 수백 명처럼 함정에 빠졌고 게임이 시작되자마자 총살당한다.

• 2화의 부제가 '지옥'인 만큼 1화 '무궁화 꽃이 피던 날'에서보다 더욱 강력한 살인 게임이 펼쳐질 것이라고 기대하게

하지만…… 참가자들은 게임을 포기하고 모두 집으로 돌아간다. 제목에서 말하는 지옥이란 게임이 아니라 결국 타인이었다. 너무나도 평범한 우리의 일상에서 우리에게 책임을 따져 묻고 우리를 재단하는 타인 말이다.

• 4화에서 덕수(여러분이 혹시 놓쳤을 수도 있지만, 그의 목덜미에 있는 독사 문신은 그가 비열한 사람이라는 것을 암시한다)는 그의 섹스 파트너 미녀에게 절대 배신하지 않겠다고 맹세하지만, 우리는 결정적인 순간에 그가 미녀를 배신할 것이라고 쉽사리 예측할 수 있다. 그런데 덕수는 미녀를 당장에 배신하지는 않는다. 줄다리기처럼 체력이 중요한 게임이 등장하자 덕수는 가차 없이 미녀를 버린다.

드라마가 끝날 때까지 반전에 반전이 거듭되기 때문에 여기서 모든 장면을 다 나열하기는 어렵다. 게임에서 우승하고 일 년이 지나도 기훈은 여전히 폐인처럼 살아간다. 어느 날, 강변에서 깡소주를 마시고 있는 기훈에게 한 할머니가 다가와 꽃을 팔아 달라 애원하고, 기훈은 장미꽃 한 송이를 산다. 기훈은 장미꽃에 달린 명함을 발견한다. 명함 앞면에는 오징어 게임 로고, 뒷면에는 시간과 장소와 함께 "당신의 깐부로부터"라는 문구가 적혀 있다. 그 장면을 보며 기훈이 시한부 환자 일남을 다시 만날 것이라고 생각하는 사람은 아무도 없을 것이다.

겉보기에 가장 나약한 참가자로 보이지만 실상 덕수보다 훨씬 더 악랄하고 음흉하며 괴물 같은 사람이 일남이기 때문이다. 우리는 마지막까지 기훈이 미국으로 건너가 딸과 재회하기를 바란다. 그러나 기훈은 한국에 남기로 결심한다. 공식적인 게임의 승자이지만 어떤 식으로든 오징어 게임에 복수하기로 결심한다. 이렇게 드라마가 끝날 때까지 우리의 예측은 모두 보기 좋게 빗나가 버린다.

다층적 관계, 다층적 스토리

각본이 탄탄한 여타의 드라마와 마찬가지로 스토리 구조가 다층적인 〈오징어 게임〉은 여러 이야기가 동시다발로 진행된다.

• 게임 방식이 변화무쌍하다.

〈오징어 게임〉을 보면서 우리는 다음 게임은 과연 어떻게 진행될지 예측해 본다. 이번 게임은 단체전일까? 아니면 개인전일까? 선발 주자와 후발 주자 중 누가 더 유리할까? 그리고 이번에는 누가 죽게 될까?

• 2화부터 오징어 게임에 잠입한 경찰 준호는 위험천만한 수사를 시작한다.

그는 결국 발각될까? 그의 목적은 오징어 게임에서 사라진

형을 찾는 것이지만, 우리는 그보다 그가 게임의 흑막, 진행요원의 숙소, VIP, 호스트가 설계한 전체 게임의 구조 같은 여러 비밀들을 파헤쳐 줄 수 있을 거라고 기대한다. 오징어 게임이 왜, 어떻게 진행되는지 전혀 모르는 시청자는 여러 가지 궁금증을 준호에게 투사한다.

• 등장인물들은 다층적 관계를 맺는다.

기훈은 자신의 돈을 훔친 새벽과 점차 신뢰를 쌓는다. 극과 극의 인생을 살아온 기훈과 상우는 어떤 한계에 부딪히기는 하지만 케케묵은 어린 시절의 우정을 되살린다. 기훈은 어려운 상황에서도 나약한 노인 일남을 보호한다. 물론 아슬아슬한 구슬치기에서 일남을 속이게 되지만 말이다. 사회 엘리트층에서 추락한 대기업 직원 상우는 사회 밑바닥 계층에 있는 파키스탄 이주 노동자 알리와 어울리며 서로를 의지하게 된다. 물론 그들의 관계 역시 구슬치기에서 어그러지지만 말이다. 덕수와 미녀는 사랑과 증오라는 냉탕과 온탕을 오가며 서로에게 치명적인 위협이 된다. 등장인물 간의 관계 변화는 6화에서 특히 두드러진다. 새벽과 지영은 구슬치기를 통해 서로를 적대시하기보다 서로를 알아 가고 이해하게 된다. 따라서 구슬치기는 무궁화 꽃이 피었습니다만큼이나 특별한 게임이라고 할 수 있다.

- 악인들은 음험한 비밀을 품고 있다.

진행요원은 비밀리에 장기를 밀매하고, 프런트맨은 그릇된 신념을 가지고 게임을 진행한다. VIP의 정체는 모호하며, 호스트(그는 1번 참가자로 게임에 은밀하게 참여한다)는 기이하게도 모습을 드러내지 않는다.

- 죽을 거라 생각했으나 생존하는 사람들이 있다.

구슬치기에서 아무도 미녀와 팀을 이루려고 하지 않을 때, 우리는 그가 게임에서 탈락할 것이라고 예상한다. 그러나 미녀는 살아남는다. 또 준호는 실종된 형이 장기 밀매 일당에게 희생당했으리라 짐작하지만 그의 형 인호는 사실 프런트맨이었다. 일남은 또 어떤가. 구슬치기에서 기훈에게 승리를 안겨주고 진행요원에게 총살당했다고 암시되나, 실상은 게임이 종료되고 1년 후 자신의 침대에서 죽음을 맞이한다.

이렇게 얽히고설킨 다층적 구조에서는 이야기가 단조롭게 흘러가지 않고, 보는 이는 극에 더욱 몰입하게 된다. 특히 새벽과 지영의 우정, 일남에 대한 기훈의 배신, 알리에 대한 상우의 배신은 구슬치기가 진행되는 동안 흥미진진하게 그려진다.

뿐만 아니라 시시때때로 새로운 요소들이 첨가되어 지루할 틈을 주지 않는다. 경찰 준호의 등장을 비롯해 참가자들의 거듭되는 연합과 배신, VIP와 그들의 기괴한 장식, 진행요원의 숙소 같은 새로운 장소, 유리 징검다리 건너기 게임을 위한 서커스장 같은 화려한 세트는 쉴 새 없이 우리의 눈을 사로잡는다. 시청자가 이러한 다층적 스토리에 몰입할 때, 극 중 인물들은 게임에 몰입한다. 눈앞에 경쟁자들을 두고 방심하고 경계를 늦추는 순간, 탈락은 불을 보듯 뻔하기 때문이다(게임에 참가해 주셔서 감사합니다. 소각장은 복도 왼쪽 끝에 있습니다. 콩팥은 두고 나가시기 바랍니다).

권태는 인간을 어디까지 몰고 가는가?

일희일비하지 않으며 즉각적으로 대응하지 않고 삶이 흘러가도록 내버려 두는 태도는 수많은 명상가와 수도자들이 추구하는 목표지만, 우리 대부분은 이런 텅 빈 상태를 몹시 싫어한다. 더 바쁘게 일하고, 더 빨리 반응하며 여러 취미, 계획, 디지털 정보, 시시한 우정으로 삶을 채우는 우리는 '무위'의 시간을 갈구하면서도 그런 시간을 왠지 사치처럼 느낀다. 아무 일도 하지 않고 그저 고요하게 자신을 마주하고 있노라면 죄책감까지 느낀다. 내 아이가 게임을 두 판이나 했는데도 태권도 학원에 갈 때까지 시간이 남으면, 우리는 자신을 무책임한 부모라고 자책할 것이다. 흔히 시간은 돈이라고 한다. 그렇다면 한가한 시간은 금이다. 그러나 우리 중 누구도 그 귀중한 보물을 가지려 하지 않는다. 그만큼 우리는 한가로운 시간을 갖는 여유와 우리를 집어삼키는 공허를 제대로 구분하지 못하고 있다.

일찍이 보들레르도 권태를 증오하며 적대시했다. 〈오징어 게임〉 속 VIP의 권태는 타인의 불행을 과장하며 인위적으로 부풀린 억지 쾌락과 식어버린 욕망으로 대변된다. 드라마의 중심에서 가장 거대한 음모를 꾸미는 노인 일남과 번쩍거리는 동물 가면을 쓴 VIP 집단은 지긋지긋한 권태에서 벗어나기 위해 그들만의 맞춤식 서커스를 즐긴다. 우리는 어떤가? 우리를 즐겁게 해 주고 그 즐거움을 지속시켜 줄 무언가를 기대하며 수십억 개의 데이터, 공연, 노래, 개그, 돌아서면 잊어버리고 말 분노를 인터넷상에서 찾아 헤매지 않는가? 우리가 VIP 집단과 다를 바가 있는가? 우리 역시 강렬한 감정, 미증유의 충격, 자리에서 벌떡 일어나게 할 만큼 우리를 사로잡는 새로운 무언가를 계속해서 쫓고 있지 않는가? 언제나 더 강렬한 자극을 원하는 VIP 집단과 음울하고 변태적인 향락을 즐기는 그들을 비난하며 만족스러워하는 우리. 둘 중에 누가 진짜 변태일까?

아주 조금만 무력감을 느껴도 우리는 이내 기운이 꺾이고 만다. 이에 대해 버지니아 대학교 심리학과 티머시 윌슨 교수 연구팀은 단순하지만 설득력 있는 연구를 진행했다.▽ 연구팀은 피실험자들에게 텅 빈 방에서 딱 15분 동안 아무것도 하지 않고 자리에 앉아 있어 달라고 요청했고, 같은 실험을 11회 실행했다. 피실험자 대다수는

▽
Timothy D. Wilson et al, "Just think: The challenges of the disengaged mind", *Science* 345(6192), 2014.

이런 상태를 매우 견디기 힘들어 했다. 연구팀은 여기에 더 고약한 아이디어를 추가했다. 피실험자들에게 스스로 전기 충격을 가할 수 있는 조그만 버튼을 지급하고 주의를 분산시킬 여지를 남겼다. 실험 초반에 전기 충격이라는 불쾌한 경험을 한 피실험자들은 다시는 스스로에게 전기 충격을 가하지 않으리라 다짐했다. 그러나 꽤 많은 피실험자들이 텅 빈 공간에서 아무것도 안 하고 15분을 견디느니 버튼을 눌러 스스로에게 전기 충격을 주는 편을 선택했다. 전체 피실험자들 중 여성들이 이런 상태를 훨씬 더 잘 견뎌 냈는데, 24명의 여성 중에서 단 6명만이 무료함을 달래기 위해 아홉 번 버튼을 눌렀다. 반면 18명의 남성 중에서는 12명이 네 번 전기 충격 버튼을 눌렀다. 여성과 남성 중, 버튼을 누른 피실험자 수는 남성이 더 많았지만, 전기 충격 버튼을 누른 횟수는 여성이 더 많았다. 참고로 다른 실험에서는 한 남성 피실험자가 15분 동안 버튼을 190회나 누르기도 했다! 무료함을 달래기 위해서 우리는 무슨 짓까지 할 수 있을까?

2장에서는 권위에 대한 복종 실험인 밀그램 실험 Milgram experiment을 통해 무료함을 달래기 위해 우리가 타인에게도 전기 충격을 줄 수 있는지 살펴볼 것이다.

2.

도처에 있는 비밀,
어디에도 없는 해답

누구나 비밀은 있다

오징어 게임은 그 자체로 미스터리다. 이토록 정교하고 복잡한 게임 장치를 설계한 인물은 대체 누구일까? 모든 게임 끝에 어떤 결말에 이르게 될까? 우리는 5화에서 이 게임이 적어도 1988년부터 시작되었다는 사실을 알게 된다. 이렇듯 모호한 내러티브의 상위 구조 아래 드라마의 모든 등장인물은 저마다 비밀을 품고 있다. 비밀이 하나씩 밝혀질 때마다 우리는 새로운 시각에서 인물들을 분석하고 그들에게 가졌던 선입견을 버리게 된다. 그렇게 〈오징어 게임〉은 판에 박힌 것들을 거부하면서 시청자에게 더욱 강렬한 흥미를 유발한다. 그렇기에 드라마 전체를 차분히 다시 보면 그저 선량해 보이던 일남의 위선을 다른 시각으로 해석해 볼 수 있다.

극 초반부에서 기훈은 그저 물러 터지고 방탕한 잉여 인간으로 건달들과 어울리며 근근이 하루하루를 살아간다. 동시에 아내와 이혼하고 딸에게 제대로 된 아버지 노릇을 하지 못하는 조금 모자란 남자로 그려진다. 그런데 5화에서 우리는 기훈이 자동차 회사에서 16년간 일하다 해고당한 성실한 노동자였음을 알게 된다. 그는 사측의 구조 조정에 맞서 파업에 참여하고 시위하다 경찰에게 곤봉으로 얻어맞고, 끝내 해고됐다. 그러니까 기훈의 인생이 꼬여 버린 원인은 기훈 개인의 잘못이 아니라 그의 힘으로 어쩌지 못하는 사회의 불공정함에 있었다. 기훈은 본래 무능하거나 무책임하지 않았고, 다만 원칙에 따라 행동하던 사람이었다. 잘못을 저지르지도, 사기를 치지도 않았지만 사회로부터 처참하게 내쳐졌다.

새벽은 다른 이들과 말을 섞지 않고 경계심이 많으며 세상에 환멸을 느끼는 탈북민 출신 소매치기다. 북한에서 보낸 간첩이 아닐까 의심할 수도 있다. 그러나 그는 첩보 활동을 위해서가 아니라 살기 위해 한국으로 넘어왔다. "북에서는 왜 내려온 거야?"라는 지영의 질문에 새벽은 "여기가 더 나은 줄 알았" 다 하고 대답한다. 그러나 현실은 새벽의 기대와 달랐다! 물론 북한과 한국 사회는 비교할 수 없을 정도로 다르지만, 적어도 드라마 속 한국은 북한보다, 심지어 오징어 게임보다 더 나을 게 없다. 새벽의 아버지는 탈북하기 위해 깅을 건너나가 총살당했고, 어머니는 중국 공안에 잡혀 북송되었다. 이제 새벽에게 남은 가족은 보육원에서 자신을 기다리는 남동생이 전부다. 새벽은 보육원에 있는 남동생과 함께 살 돈을 마련하려고 오징어 게임에 참가한다. 새벽은 과거에 조폭 덕수 밑에서 소매치기로 일했던 것으로 보인다. "오갈 데 없는 년 먹여 주고 재워 주고 기술까지 가르쳐 줬"다는 덕수의 말에 새벽은 "너한테 빚진 거보다 갖다 바친 게 더 많아"라며 일갈한다. 갈 곳 없는 새벽을 덕수가 거둬 소매치기로 키워 냈고, 착취를 견디다 못한 새벽이 달아난 모양이다. 또한 새벽은 북한에 있을 때 마을에 전염병이 돌아 오빠와 조부모를 잃었고, 겹겹이 쌓은 시체를 불태우는 장면을 목도했다. 새벽과 구슬치기에서 팀을 이룬 지영 역시 겉보기에 평범한 소녀 같지만 아버지와의 관계에 비밀을 품고 있다. 지영의 아버지는 아내에게 폭행을 일삼았고 지영을 성폭행했으며 그러다가 아내를 칼로 찔러 죽였다. 결국 지영이 아버지를 칼로 찔러 죽였다. 지영은 새벽의 생존을 위해 스스로 게임을 포기하기로 결심하고 죽기 전 자신의 비밀을 털어놓는다. 이러하듯 오징어 게임에는 누군가의 죽음을 가까이에서 목격했거나 누군가를 죽여 본 사람들이 모여 있다. 따라서 누군가를 죽고 죽이는 일이 그들에게는 그리 낯선 일이 아닐지도 모른다.

의사 출신 111번 병기 역시 비밀을 품고 있다. 음식에 숨겨 그에게 메시지를 전달하는 자는 대체 누구일까? 그는 왜 일부 진행요원들에 협조해 장기를 적출하는가? 그리고 왜 진행요원들은 장기를 적출하는 장소를 오고 갈 때 병기의 눈을 가리고 CCTV에서 그의 흔적을 지우는가? 이 모든 상황은 장기 밀매가 이루어지고 있다는 사실을 짐작케 한다. 어딘가 수상쩍은 병기는 장기 적출에 협조한 대가로 게임 정보를 사전에 입수하는 한편, 오징어 게임의 비밀에 접근한다. 병기는 보유한 게임 정보를 미끼로 덕수의 보호를 얻기도 한다. 교묘하게 전달되는 정보를 병기는 자신의 무기로 이용한다.

상우는 제 어머니와 기훈 눈에 완벽한 사람이지만, 실상 그는 이미 밑바닥으로 추락했다. 미녀 역시 속내를 알 수 없는 인물이다. 그에게 정말로 아이가 있기는 할까? 정말로 전과 5범일까? 덕수는 대체 어떤 사건에 연루되어 있을까? 심지어 알리조차 불법 체류자라는 비밀을 품고 있다.

가면 안에 또 다른 가면

악인들 역시 비밀을 품고 있다. 진행요원들도 비밀에 둘러싸여 있다. 그들은 신념을 갖고 일을 하는 것일까? 아니면 그저 단순한 노동으로 생각할까? 젊은 사람들일까? 나이 든 사람들일까? 진행요원 중에 여성도 있을까? 그들은 단지 오징어 게임만을 위해 조직되었을까? 아니면 그것이 원래 그들의 직업일까? 그렇다면 정규직일까? 계약직일까? 〈오징어 게임〉을 본 사람 중 일부는 지하철역에서 '양복남'과 딱지치기를 할 때, 딱지 색깔을 선택하는 것에 따라 참가자가 될 수도, 진행요원이 될 수도 있다고 추측한다. 재미있는 생각이지만 그것은 아직 확인된 바가 없다. 장기를 밀매하는 진행요원은 시체의 성별을 확인하는 질문에 집단 시간屍姦을 암시하는 대답으로 보는 이를 경악하게 한다. 모든 진행요원은 겉보기에 위계질서에 순순히 복종하고 허락 없이 상사에게 말을 건네지 않으며 아무런 감정 표현도 하지 않은 채 가면을 쓰고 감옥 같은 숙소에서 초라하게 먹고 자는 생활을 기꺼이 받아들인다. 그들에게는 호기심도, 연민도 없다. 그들은 단지 번호로 불릴 뿐이고 그들의 얼굴은 서열을 나타내는 기호로 대체된다. 비인간적이고 무미건조하다. 전라의 여성들은 바디페인팅을 한 채 노쇠한 알몸의 백인 VIP들 곁에서 가구처럼 움직이지 않는다(심지어 일부는 실제로 가구 역할을 한다). 우리는 결국 저들보다 차라리 참가자가 되는 편이 낫겠다는 결론에 이르게 된다.

프런트맨, 호스트, VIP는 번호로 불리지 않는다. 그러나 그들은 가면을 쓰고 있다. VIP와 호스트는 화려하게 장식된 가면을, 프런트맨은 독특한 검은색 가면을 쓰고 있다. 그런데 왜 참가자들은 가면을 쓰지 않을까? 가면을 쓰면 서로를 더 쉽게 죽일 수 있어서가 아닐까? 그렇게 된다면 VIP들의 게임 관람이 더 재미없어 질 테니 말이다(물론 우리의 재미도 반감될 것이다! 참가자의 얼굴이 진행요원의 얼굴보다 더 많이 가려져 있다면 우리가 어떻게 그 인물들에게 감정이입을 할 수 있겠는가?).

　호스트는 정체를 드러내지 않는 만큼 우리가 가장 궁금해하는 인물이면서 동시에 가장 궁금해하지 않는 인물이다. 그는 어둠 속에 숨어 모든 상황을 조정함으로써 그의 정체에 대한 궁금증을 자극한다(그가 비정상적인 사고를 하고 엄청난 부자라는 점을 빼면 우리는 그에 관해 아무것도 알지 못한다). 동시에 우리가 그의 정체를 별로 궁금해하지 않는 이유는 그가 단지 하나의 추상, 관념이기 때문이다. 그는 화면에 모습을 드러내지 않고 이름도 나오지 않으며 프런트맨의 입을 통해서만 겨우 언급될 뿐이다. 마지막 화에 이르러서야 호스트가 게임을 시작하기 전 가면을 벗고 그의 부하들에게 자신을 얼굴을 드러냈다는 사실이 알려진다. 그것은 그가 구슬치기에서 죽지 않았다는 유일한 증거가 된다. 게다가 그는 사살당하거나 이미 죽은 모습이 등장하지 않는 유일한 인물이다. 뒤돌아보지 못하고 걸어가는 기훈의 뒤로 총성이 울려 퍼지고, 키메라가 시서히 멀어시며 6화가 끝나 버리기 때문이다. 그러나 그가 왜 VIP를 맞이하러 나가지 않았는지는 이해할 수 없다. 일남은 사실 게임에 참가하느라 나가지 못한 것이 아니라 네 번째 게임에서 이미 탈락했기 때문에 나가지 못했을 것이다. 아니면, 천박하고 겉만 번지르르한 졸부들 틈에 끼고 싶지 않았을지도 모른다. 그는 다른 VIP들과 다르게 그저 권태를 날리고 싶어 게임에 참가한 것이 아니다. 일남은 오히려 게임을 통해 잃어버린 감정들을 되찾기를 소망한다. 생의 마지막 순간을 앞두고 자신의 어린 시절을 되찾으려는 것이다. 어린 시절로 돌아가려고 게임에 참가한 일남은 나약하고 엉뚱하며 무고한, 게임에서 가장 불리한 사람인 척 연기한다. 뇌종양으로 이미 시한부 선고를 받았기에 상금을 탐내지도 않는다. 오락가락한 정신으로 다른 참가자들의 발목을 잡으면서도 자신의 역할을 교묘하게 감추는 일남은 〈오징어 게임〉 전체 스토리에서 가장 비밀스러운 인물이다.

프런트맨은 어떤가. 우리가 프런트맨에 대해 정말로 궁금한 지점은 그의 정체가 아니라 그가 오징어 게임에 광신도적 신념을 갖게 된 동기이다. 그는 5화에서 병기에게 게임의 힌트를 제공한 진행요원을 처형하며 이렇게 말한다. "너희들이 시체에서 장기를 떼어 내서 팔든 장기를 통째로 씹어 먹든 난 관심이 없어. 하지만 너희들은 이곳에서 가장 중요한 걸 망쳐 놨어. 평등이야. 너희들이 그 원칙을 깼어." 프런트맨은 기훈이 최종적으로 승리한 후, 기훈을 데려다주는 리무진 안에서 처음으로 가면을 벗고 기훈에게 샴페인을 따라 주지만, 기훈의 눈은 가려져 있다. 한편 신분이 탄로 난 준호가 프런트맨의 어깨에 총을 쏘며 저항하자 프런트맨은 가면을 벗고 자신이 바로 준호가 그토록 찾아 헤맸던 친형 인호임을 밝힌다. 인호는 자신과 함께 가자며 준호를 회유하지만 준호가 이를 거절하자, 인호는 준호를 향해 총을 쏜다. 오징어 게임으로 이데올로기적 신념을 실현한다고 하기에는 너무나 부도덕하기 때문에 프런트맨은 호스트를 대리하는 인물이라기보다 그를 추종하는 광신도에 더 가깝다고 할 수 있다.

오징어 게임이라는 비밀스러운 세계와 참가자들의 세계. 이 두 세계의 경계에 젊은 경찰 준호가 있다. 참가자들은 식사하면서 무슨 이야기를 나눌까? 그들은 오늘 먹게 될 음식이 무엇일까를 궁금해하면서도 이 악몽 같은 게임을 누가 계획했는지는 전혀 궁금해하지 않는다. 그런 상황에서 우리가 무엇을 더 알 수 있겠는가? 오징어 게임의 흑막을 파헤치며 우리의 궁금증을 조금이나마 해소하는 준호 역시 비밀을 품고 있다. 3화에서 준호는 잠든 200여 명의 참가자들을 태운 차량 행렬을 시켜보며 그의 상사에게 "오늘 서에 못 갈 것 같"다라고 알린다. 그로 미루어 볼 때, 오징어 게임 잠입 수사는 준호의 공식 임무가 아니다. 프런트맨은 뭔가 수상한 기운을 느끼며 "경찰이 여기서 뭐 하는 거야? 혼자 파트너도 없이"라고 말한다. 우리를 대신해 진행요원 29번으로 잠입해 오징어 게임의 비밀을 파헤치는 경찰 준호는 우리가 보기에도, 진행요원들이 보기에도 의뭉스러운 인물이다(진행요원 29번을 죽인 뒤, 자신의 옷을 입히고 경찰 신분증을 셔츠 주머니에 넣어 자신이 실종된 것처럼 위장한다). 그가 자신의 정체를 밝히면 형과 함께 살아서 나갈 수도 있겠지만, 그것은 너무나 위험천만한 일이다.

생존의 필수 조건, 비밀

손가락 몇 개가 절단되어 없는 알리에게 상우는 이렇게 충고한다. "약점을 숨겨." 그렇지만 정작 알리의 약점을 누구보다 교묘하게 이용하는 사람은 바로 상우다. 그는 처음 만날 때부터 자신을 '사장님'이라고 부르던 알리의 순수하고 예의 바른 성정을 이용한다. 8화에서 새벽은 자신의 배에 유리 조각이 꽂혀 생명이 위태로운 상황에서도 여섯 번째 게임에 참가하려고 그 사실을 상우와 기훈을 포함한 모두에게 숨긴다. 그러나 상우는 기훈과 새벽이 합심해 게임을 중단시킬까봐 새벽을 살해하고 만다. 7화에서 표범 가면을 쓴 VIP는 웨이터로 변장한 준호에게 가면을 벗으라고 요구한다. 위기의 순간, 준호는 은밀한 것을 좋아하는 VIP의 취향을 자극해 단둘만 있을 수 있는 방안으로 VIP를 유인한다. VIP가 가면을 쓴 채 뒤룩뒤룩 살찐 알몸을 드러낼 때, 준호는 그의 머리에 총을 겨누고 가면을 벗기며 오징어 게임의 비밀을 말하라고 위협한다.

진행요원들 사이에는 지켜져야 하는 비밀이 가득하다. 얼굴을 드러내는 것은 곧 죽음을 의미할 정도다. 숙소 열쇠를 한 번에 열지 못하고 두 번의 시도 끝에 여는 것만으로도 다른 요원으로부터 의심의 눈초리를 받는다. 참가자들 사이에 허용되는 동료애조차 진행요원들 사이에서는 철저하게 금지된다. 그들은 각자 정체를 드러내지 않은 채 서로를 감시한다. 요원들의 얼굴은 가면에 가려져 있지만 숙소의 방마다 보란 듯이 설치되어 있는 CCTV에서 시작해 언제나 감시의 눈길이 그들을 따라다닌다. 철학자 제러미 벤담이 제안한 파놉티콘이 절로 떠오르는 대목이다. 중앙에 높은 감시탑이 있고, 그 둘레를 빙 돌아가며 감옥이 배치되어 감시자가 자신의 모습을 드러내지 않고 모든 수감자를 감시할 수 있는 감옥 말이다. 누군가, 아니 모두가 나를 감시한다? 우리는 여기서 모두가 모두를 감시하는 '빅 브라더'의 은유를 엿볼 수 있다. 인터넷상에서의 표현 자유가 요원한 전체주의 국가도 클릭 한 번으로 누구나 집단 린치를 가할 수 있는 자유주의 국가에서처럼 소셜 네트워크와 정보의 노출이 불가피한 시대가 아닌가.

미스터리가 풀리고 비밀이 밝혀진다 해도, 진실은 쉽사리 제 모습을 드러내지 않는다. VIP의 자백은 우리에게도 경찰에게도 별 도움이 되지 않는다. 7화에서 우리는 오징어 게임이 실행되는 나라가 한국만이 아니라는 사실을 알게 된다. 게임의 계획에 요구되는 음모와 침묵의 계율이 전 세계적으로 퍼져 있는 셈이다. 게임은 정확히 언제부터 시작된 것일까? VIP들은 순번을 정해 차례대로 게임을 주관하는 것일까? 그들은 왜 자기들끼리 있을 때조차 신분을 철저하게 숨길까? 게임을 관람하려면 돈을 지불해야 할까? 그들 전부가 권태를 물리치기 위해 게임을 관람하는 것일까? 2015년 우승자였던 인호는 대체 어쩌다가 프런트맨이 되었을까? 머릿속에는 여전히 수많은 질문들이 떠나지 않고 맴돈다. 미녀, 상우, 덕수의 정체는 정확히 무엇이며 새벽과 덕수는 함께 무슨 일을 했을까? 우리는 알 수 없다. 그리고 그렇게 중요하지도 않다. 그보다 더 궁금한 이야기는 미국으로 떠나기를 포기한 기훈의 다음 행보다. 수많은 미스터리로 가득한 〈오징어 게임〉이 제기하는 가장 큰 문제이자 절대 풀리지 않는 의문은 인간의 이기심과 사악함의 한계다. 인간이 어떻게 저런 짓까지 할 수 있을까? 어쩌다가 그토록 무자비하고 비인간적이며 편협한 세계를 만들어 잔인하게 동심을 파괴할 수 있는가? 어떻게 이길 확률이 456분의 1에 불과한 게임에 목숨 걸고 뛰어들기를 선택할 수 있는가? 슬기로운 '호모 사피엔스'에게 대체 무슨 문제가 생긴 것일까?

〈오징어 게임〉이 카타르시스를 준다?

고대 의학에 따르면 우리 몸에는 장기에 영향을 미치는 네 가지 체액(혈액, 점액, 황담즙, 흑담즙)이 있다. 이 네 개의 체액은 네 개의 원소(공기, 물, 불, 흙) 및 네 개의 기질(다혈질, 차분한 기질, 우울한 기질, 화를 잘 내는 기질)과 연관되어 있다. 따라서 체액의 불균형은 신체 건강뿐 아니라 정신 건강에도 영향을 미친다. 아리스토텔레스가 최초로 언급한 카타르시스는 본래 '배출'을 의미한다. 고대 그리스 원형 극장에서 공연되던 그리스 비극은 관객들에게 과장된 감정을 드러내며 참혹한 불행과 잔인한 운명을 보여 준다. 그렇게 등장인물들이 자신들의 실수와 운명의 덫에 걸려 고통 받는 것을 보면서 관객들은 '나쁜 체액'을 배출하고 과잉되어 있던 부정적 감정을 정화시킨다. 이 집단적이고 제도화된 방법으로 그 시대에는 누구나 간접적으로 불행을 경험하고 카타르시스를 느낄 수 있었다.

이제는 사체액설四體液說이 완전히 무용지물이 되었다. 〈오징어 게임〉에 등장하는 폭력적이고 잔혹한 장면을 보면서 우리도 카타르시스를 느낄까? 우리는 알리가 총에 맞아 죽는 장면을 보며 내가 죽은 게 아니니 다행이라며 안도하지 않는다. 또 기훈이 승리하는 장면을 보며 우리의 비루한 일상을 위로받지도 못한다. 〈오징어 게임〉 방영 이후 화제를 모았던 무궁화 꽃이 피었습니다 게임의 폭력적이고 잔인한 장면이 아이들의 폭력적 성향을 부추긴다는 근거 역시 어디에서도 찾을 수 없다. 어쨌든 〈오징어 게임〉이 폭력적인 것은 사실이다. 그러나 〈포트나이트〉, 〈콜 오브 듀티〉, 〈GTA〉 같은 폭력적인 비디오게임과 청소년의 폭력적 성향의 인과관계는 지금까지 명확하게 입증된 바 없다. 드라마에서 폭력적인 장면을 봤다거나 게임 속 아바타가 폭력적이라고 해서 갑자기 아이가 폭력적 성향을 드러내지 않는다. 그저 이미 폭력적 성향을 가지고 있던 아이가 〈오징어 게임〉을 '재미있게 보면서' 다른 사람을 공격하는 새로운 방식을 찾아내는 것뿐이다.

☞ 함께 읽을거리

Andrew K. Przybylski·Netta Weinstein, "Violent video game engagement is not associated with adolescents' aggressive behaviour: evidence from a registered report.", Royal Society Open Science 6(2), 2019.

3.

여러 층위의

도덕

단순한 선악 구도는 지루하다

선과 악이 명징하게 대립하는 이야기에서는 의외의 순간에 사건이 끼어든다 해도, 선은 선이요 악은 악이다. 대개 선한 사람은 진영의 승리를 위해 자신을 희생하고, 악한 사람은 죽음을 맞으면서 회개하고 선한 사람으로 거듭나기도 한다. 또는 악한 사람이 선한 가면을 쓸 때도 있다. 선한 사람이 패배했다고 생각한 순간, 흑화한 인물 혹은 무심했던 악한 편의 누군가가 그를 구하러 온다.

디즈니를 비롯해 픽사, 드림웍스가 선보이는 이야기는 이해가 쉽고 풍부한 상상력을 디테일하게 보여 주지만, 큰 흐름에서는 동일한 서사 구조가 반복되는 경우가 많다. 반면, 셰익스피어의 희곡을 비롯해 우리에게 익숙한 〈브레이킹 배드〉, 〈왕좌의 게임〉, 〈오징어 게임〉과 같은 드라마에 등장하는 몇몇 인물들은 변화무쌍한 면면을 보여 주어 시청자들이 혼란스러울 정도다. 인물들은 비열한 행동을 하지만 납득할 만한 사정이 있고, 선한 사람이 어리석은 짓을 하기도 한다. 선과 악은 상황에 따라, 혹은 헤아릴 수 없이 전지전능한 신의 뜻에 따라 시시때때로 변화한다.

〈글래디에이터〉와 같은 전형적인 블록버스터 영화에서는 사납고 신경질적인 악인이 무고한 사람을 납치해 투기장의 검투사로 훈련시켜 거대한 콜로세움에 집어넣고 사나운 맹수와 싸우게 한다. 그는 미친 사람처럼 오만한 웃음을 터트리며 그 광경을 구경한다. 〈오징어 게임〉에서도 파렴치한 VIP들이 게임을 지켜보며 무척 즐거워한다. 그러나 어둠 속에 숨어 있는 악인, 호스트는 너무나 차분하다. 또 프런트맨은 냉혹한 사디스트라기보다 열정적인 이상주의자에 가깝다(그는 게임의 '평등' 원칙을 어긴 요원을 처형할 때 쾌감을 느끼지 않는다. 그리고 무엇보다 동생의 목숨을 살려 주려 한다). 더구나 선한 사람이라고 해서 아무런 흠이 없는 것이 아니다.

누구나 가지고 있는 악한 마음

〈오징어 게임〉의 주인공 기훈은 하는 일마다 실수투성이지만 결코 미워할 수 없는 인물이다. 그는 화면에 처음 등장하자마자 노모에게서 훔친 돈을 도박에 탕진한다. 실직한 이후 거액의 사채 빚까지 져가며 도박에 인생을 걸지만, 모두 실패하고 사채업자에게 쫓기는 신세가 된다. 그렇게 기훈은 전처와 딸을 매번 실망시킨다. 여기서 끝이 아니다. 2화에서 기훈은 자신의 손에 묶인 결박을 풀어 달라고 새벽에게 간청하면서, 풀어 주면 훔쳐 간 돈을 돌려 달라고 요구하지 않겠다 맹세한다. 하지만 새벽이 결박을 풀어 주자마자 돈을 내놓으라고 다그친다. 또 기훈은 전 부인의 현 남편이 당뇨에 걸려 다리를 절단해야 하는 지경에 놓은 기훈 노모의 수술비에 보태라며 돈을 건네자 고마워하기는커녕 그에게 주먹질을 해댄다. 처음으로 빚을 지지 않고 돈을 쓸 수 있는 기회였지만, 그는 그 기회를 날려 버린다. 6화에서 네 번째 게임을 함께할 짝을 찾을 때, 기훈은 같이할 만한 사람을 구하지 못했으면서도 노인 일남과는 짝 이루기를 꺼린다. 기훈은 새벽도 탐탁하게 여기지 않는다. 비열한 깡패 덕수와 같은 부류라는 선입견을 갖고 있기 때문이다. 8화에서는 또 어떤가. 기훈은 상우가 새벽을 살해하는 모습을 목격하고 증오심에 가득 차 그를 직접 죽이려 한다. 물론 진행요원들에 의해 저지되기는 하지만 말이다. 마지막 화에서 일남은 기훈에게 게임을 한 번 더 하자고 제안한다. 일남의 제안을 받은 기훈은 자신이 이기면 직접 그를 죽이겠다고 단언한다.

소매치기 출신 새벽은 덕수 밑에서 함께 일을 했고(새벽은 돈을 벌기 위해 덕수와 함께했을까? 아니면 그의 보호를 받으려고? 현재로서는

44

아무것도 알 수 없다), 자신의 가족, 특히 남동생을 위해 헌신하는 인물이다. 새벽은 타인을 절대 신뢰하지 않으며, 선과 악의 양면성을 드러낸다.

언제나 모범생이었던 상우는 결국엔 다른 이들처럼 거짓말을 일삼고, 자신의 경솔한 실수로 사회에서 배제된 뒤 완전히 망가져 배신에 배신을 거듭하는 냉혈한으로 변모한다. 그가 대학과 회사에서 다른 이들보다 뛰어난 모습을 보이기 위해 발휘했던 자질은 게임에서 전혀 드러나지 않는다.

법과 질서를 수호하는 경찰 준호는 28번으로 추정되는 진행 요원이 코앞에서 무릎을 꿇고 살려 달라 비는데도, 그를 총으로 쏴 죽인다. 심지어 8화에서는 자신의 형을 향해 먼저 방아쇠를 당긴다.

악한 행동을 하지 않는 사람은 알리밖에 없는 듯하다. 그가 일하던 공장의 사장이 기계에 손을 다친 건 사고였고, 훔치듯 챙겨 도망친 사장이 떨어뜨린 돈 봉투도 그가 당연히 받았어야 하는 돈이다. 정직한 노동자였던 알리는 사장에게 착취당하지만 않았다면 빚을 질 필요가 없었다. 그러나 알리의 선하고 순수한 성정은 구슬치기에서 상우에게 속아 넘어가는 약점으로 작용한다.

선과 악은 동전의 양면

456명의 '선한' 참가자들도 부도덕하고 엉뚱한 면면을 보여 준다. 덕수가 소시오패스(이기적, 폭력적, 비도덕적)같이 행동한다면, 한때 그의 섹스 파트너였던 미녀는 경계성 인격장애(충동적, 공격적, 연극성 장애) 성향을 보인다. 거짓말에 능하고 영악하며 양심이라고는 찾아볼 수 없는 미녀는 특유의 적응력과 생존력을 발휘해 우리가 차마 상상도 할 수 없는 끔찍한 상황들을 헤쳐 왔을 것이다. 244번은 기독교를 맹신하는 목사로, 종교에 맹목적으로 집착한다. 그 외의 다른 참가자들은 자신을 보호해 줄 수 있는 덕수에게 비굴하게 군다는 것만 빼면 딱히 개성이 드러나지 않는다. 참가자 중에 운이 없어서, 아니면 실수로 빚더미에 앉게 된 사람은 몇이나 될까? 상우나 병기처럼 본래 악하지 않았으나 뜻밖의 불행에 휘말려 큰돈이 필요해진 사람은 또 몇이나 될까? 참가자들이 진행요원이 아닌 자기들끼리 반목하여 벌인 한밤의 집단 난투극은 어떻게 이해해야 할까? 누가 악인이고 누가 선인일까? 생존을 위해서가 아니라 아무런 동기 없이 누군가를 공격할 수 있을까? 이런 질문들에 대해서는 뒤에서 제대로 다루어 보겠다.

여섯 개의 게임을 하는 동안 죽음을 맞는, 그러나 제 발로 걸어 들어온 수많은 희생자들은 자신의 이득을 위해서라면 언제든 인간성을 포기할 준비가 되어 있는 것 같다. 바로 그 때문에 우리는 그들이 비열하다고 생각한다. 그러나 2화에서 밝혀지는 몇몇 인물들의 게임 참여 동기는 무척 순수하다. 기훈을 비롯한 새벽과 알리는 그저 돈이 욕심나서라기보다 가족을 위하는 마음에 게임에 참여했다. 실제로 상우는 나락으로 떨어진 명예를 회복해 더 이상 어머니를 속이고 싶지 않다는 마음으로 게임에 참여했다. 다시 말해, 몇몇 인물들이 게임에 참여한 목적은 상금 자체가 아니라 실추된 자신의 명예 회복이다.

그때야 비로소 우리는 등장인물에 대해 너무 섣부른 판단을 했음을 깨닫는다. 우리는 너무 쉽게 그들에게 경멸의 시선을 보냈다. 우리의 평범한 일상 역시 오징어 게임만큼, 아니 어쩌면 그보다 더 잔인하지 않은가? 일상에서 벌어지는 모든 게임은 훨씬 더 사실적이고 노골적이며 현실적이다. 그리고 우리는 그 게임에서 무엇을 해야 하는지 잘 알고 있다. 바로 생존이다. 실제로 살아가면서 우리는 많은 빚을 지고 수많은 모욕을 당하며 밖으로 드러나지 않는 고통을 감내하고 있지 않은가.

〈오징어 게임〉의 두덕적 딜레마는 신제 삶의 딜레마와 다르지 않다. 선악의 구분은 모호하고 불변하는 기준이 있는 것도 아니며 인간성에 대한 믿음도 없다. 어떤 이상에 대한 신념도 없다. 그런 면에서 볼 때, 전 세계의 온갖 신념들이 서로 충돌하

47

고 무용지물이 되어, 가야 할 방향을 상실한 이 시대를 〈오징어 게임〉은 훌륭하게 반영하고 있다.

인호(프런트맨)와 준호(경찰) 형제는 이러한 혼돈의 시대를 대변한다. 인호는 음陰을 상징하면서도 빛을 품고 있다('평등'을 강조하고 그 실현을 위해 묵묵히 헌신하므로). 준호는 양陽 상징하면서도 어둠을 품고 있다(오징어 게임의 비밀을 파헤치는 데 방해가 되는 진행요원을 가차 없이 살해하므로). 동양 문화에서 유래한 음양설은 모든 사물의 현상이 서로 대립되고 상반된 속성을 가진 두 개의 측면으로 이루어졌다고 본다. 드라마의 두 황 씨 형제는 서로 대립하기도 하지만 상호 보완적인 모습을 보여 주기도 한다. 우연인지 모르겠지만 〈오징어 게임〉의 감독 역시 황 씨다. 그는 분명 〈오징어 게임〉의 스토리를 구상하고 양면성을 가진 인물들을 탄생시키기 위해 자기 자신의 모순적인 면을 집요하게 파고들었을 것이다.

상황에 따라 달라지는 도덕적 판단

도덕성은 처음부터 갖고 태어나는 것이 아니라 자라면서 점점 발달한다. 어떤 교육을 받으며 누구를 본보기로 삼아 두뇌와 지적 능력을 길렀는지에 따라 도덕성은 달라질 수 있다. 예일 대학교와 시카고 대학교 교수를 지낸 심리학자 로런스 콜버그Lawrence Kohlberg는 1960년대 말, 아동의 도덕성은 연령에 따라 여러 단계를 거치며 발달한다는 도덕성 발달 이론을 선보여 커다란 반향을 일으켰다.

그가 제시한 이론에 따르면, 3~4세의 아동은 고의가 아니더라도 물건을 망가뜨리거나 누군가를 괴롭히는 등 문제를 일으키는 행동 자체를 나쁘다고 생각한다. 또 5세 이전에는 의도를 가지고 나쁜 행동을 하지 않는다. 콜버그는 이 단계를 전前인습적 도덕 수준이라 정의했다. 이 시기에 아동은 외부저 보상이나 치벌에 근거하여 노덕적 판단을 내린다. 다시 말해, '눈에는 눈, 이에는 이'처럼 상대가 나를 괴롭히면 나도 상대를 괴롭힌다는 단순한 사고를 하는 시기다.

• 13세 전후는 인습적 도덕성이 형성되는 시기로, 이 때 대개 타인이나 관습 등 외부 요인에 의해 규정된 도덕관을 내면화한다. 따라서 이 시기에는 규칙과 법을 준수하는 방법을 학습하는 일이 매우 중요하다.

• 성인 또는 청소년 시기는 마지막 단계인 탈脫인습적 도덕성이 형성되는 시기이다. 그러나 모두가 이 단계에 도달하지는 않는다. 이 단계에서는 도덕적 가치를 완벽하게 내면화해 외부 기준이 필요 없는 도덕적 수준에 도달한다. 따라서 공익, 윤리, 초월적 형태의 영성과 같은 다양한 이타적 행위를 할 수 있다.

인격이 성숙해짐에 따라 우리는 잘못을 저지른 사람의 의도를 파악하고 경우에 따라 규칙을 어겨도 용인할 수 있다. 다시 말해, 그가 의도적으로 잘못을 저질렀는가, 정상참작을 할 만한 잘못인가, 혹은 완전히 용서할 수 있는 잘못인가를 따져 본다. 이에 로런스 콜버그는 도덕성의 딜레마에 맞닥뜨린 사람들의 반응을 분석해 도덕성 발단 수준을 확인하는 연구를 진행했다. 그중 '하인츠 딜레마' 실험은 널리 알려져 있다. 이 실험을 위해 콜버그는 다음과 같은 상황을 가정했다. 하인츠의 아내는 암 환자이다. 그는 아내를 치료할 약을 구하러 나

섰다가 어느 약사가 개발했다는 신약을 발견한다. 그러나 약값이 너무나 비싸서 하인츠는 도저히 그 약을 살 수 없다. 약사는 약값을 절대 깎아 주지 않는다. 결국 하인츠는 약사의 연구실에 몰래 들어가 약을 훔친다. 만약 이런 상황이라면 아내를 살리기 위해 법과 도덕을 위반한 하인츠를 용서할 수 있을까? 용서할 수 있다면 이유는 무엇일까?

콜버그의 도덕성 발달 이론은 1980년대부터 끊임없이 논란의 도마 위에 올랐다. 콜버그가 백인 남성만 실험 대상으로 삼았기 때문이다. 한때 콜버그 연구팀에 몸담았던 캐럴 길리건Carol Gilligan은 여자아이는 도덕성 발달에서 남자아이와 다른 양상을 보인다며 콜버그의 이론을 반박했다. 그는 여자아이들은 타인을 염려하고 배려하는 도덕성을 갖는데, 콜버그의 실험은 지나치게 인지적 측면의 도덕성에만 치우쳐 배려의 도덕성을 갖는 여성을 낮게 평가했으므로 남성 편향적이라고 지적했다. 그러면서 남성과 여성은 나이가 들어가면서 공통적으로 도덕성에 있어 특별한 상황을 고려하기보다 보편적 원칙을 더욱 중요시한다고 주장했다. 그는 콜버그의 이론은 모든 문화권에 보편적으로 적용하기에는 한계가 있다는 점도 꼬집었다. 서양 사회는 개인의 가치나 권리를 중요시하는 반면, 동양 사회는 사회적 조화와 집단의 가치를 더 중요시하는 차이가 있었다.

심리학과 철학은 늘 이런 딜레마에 관심을 가져왔다. 그중에서도 철학자 필리파 풋Philippa R. Foot이 1967년 여러 형태의 실험을 통해 제시한 '전차의 딜레마'를 살펴보자. 운행 중에 고장이 난 전차가 본래 가던 철로로 계속 가면 선로에서 작업 중인 다섯 명의 인부가 죽게 된다. 전차를 멈추게 하는 방법은 없지만 방향을 바꿀 수는 있는데, 그러면 비상 철로에서 작업 중인 한 명의 인부가 죽게 된다. 이제 실험의 설정을 조금 바꾸어 보자. 고장이 난 전차는 멈출 수 없고 이대로 두면 다섯 명의 인부가 죽는다. 이번에는 다른 선로가 없다. 그 대신 여러분은 선로를 가로지르는 육교 위에 있다. 여러분 옆에는 덩치 큰 남자가 서 있고 그를 밀어서 선로 위로 떨어뜨리면 전차를 정지시켜 다섯 명의 인부를 구할 수 있다. 다섯 명의 생명을 구하기 위해 마침 그 자리에 있던 무고한 사람을 희생시키는 것이 도덕적으로 옳을까? 이런 딜레마를 수학적 경우의 수로 단순화할 수 있을까?

상황에 따라 대답은 달라질 수 있다. 대다수의 사람들

은 덩치 큰 사람을 다리에서 미는 것보다 선로의 방향을 바꾸는 편이 더 낫다고 대답한다. 방법이 다를 뿐 누군가를 희생시키는 것은 마찬가지인데도 말이다.

어떤 일이 있어도 보편적 도덕 원칙을 사수하는 일은 사실 쉽지 않다. "네 의지와 준칙이 주관적인 동시에 항상 보편적으로 모범이 되어야 한다"는 칸트의 정언명령에 따라 사는 일은 요원해 보이기만 한다. 혹은 오스카 와일드의 말처럼 "저녁 식사 자리에서 말할 수 없는 일이라면 그 어떤 일도 하지 않을 것"을 실천하기란 얼마나 어려운 일인가.

☞ 함께 읽을거리

로랑 베그, 『도덕적 인간은 왜 나쁜 사회를 만드는가』, 이세진 옮김, 부키, 2013.

#2

인간의

오디인가? 믐뻐넌ㅇ

"당신들이 사람이야?"
_7화, 069번의 대사

1.

갈대처럼 흔들리는
나약한 인간

권위에 대한 복종으로 드러나는 악의 평범성

덕수가 사람들을 배신하고 한결같이 비열한 모습을 보이는 것은 그다지 놀랍지 않다. 하지만 매번 모범을 보이던 상우가 처형당할 것을 뻔히 알면서도 알리를 배신할 거라고는 상상하지 못했을 것이다. 또 기훈이 정신이 오락가락하는 일남을 속여 먹으리라 예상하기도 어렵기는 마찬가지다.

분명 '선한 사람'이라 여겼던 인물에게도 약하거나 비겁한 모습 또는 실용주의적인 면모(관점의 문제겠지만)가 공존한다는 점을 알 수 있다. 그렇다면 만약에 우리가 감정을 이입하는 그들의 입장에 놓인다면 개인의 윤리적 준칙에 어긋나더라도 그들처럼 행동할지 자문해 볼 수밖에 없다. 바깥세상의 규칙이 적용되지 않는 폐쇄된 공간에서 불안에 떨며 그날 우리가 무엇을 하게 될지도 모른 채, 부득이하게 최대한 빠르게 선택하고 행동해야 한다면 우리는 오징어 게임 참가자들보다 더 나은 모습을 보여 줄 수 있을까? 뒤틀린 어린 시절의 게임 속에 제 발로 걸어 들어갈 수 있을까? 다른 이의 목숨을 살리기 위해 나를 희생할까? 아니면 내 손으로 다른 이들을 죽일까?

보다 구체적으로 상상해 보자. 일남의 치매를 이용해 그를 게임에서 지게 만들어야 내 딸을 행복하게 해 줄 수 있다면, 구슬치기에서 우리는 어떤 선택을 할 것인가? 일남은 뇌종양으로 이미 시한부 선고를 받았고 살 만큼 살았으며 내가 아니더라도 다른 참가자와 게임을 하다가 질 수도 있다는 핑계도 대기 쉽다. 모두가 한 번쯤 생각해 볼 만한 문제 아닌가.

공교롭게도 50여 년 전, 한 사회심리학 실험을 통해 특수한 상황에서 우리는 자신조차도 납득할 수 없는 행동을 한다는 사실이 밝혀졌다.

1960년대 초반, 홀로코스트의 주범이자 나치 친위대 아돌프 아이히만에 대한 재판이 열려 세간의 이목이 집중됐다. 그는 자신이 히틀러 체제하에 있는 구성원으로서 해야 할 일을 했을 뿐이고 그저 명령에 복종했던 평범한 공무원이었다고 주장했다. 그보다 덜 알려지기는 했지만 프랑스 일간지 『리베라시옹』에 따르면, 히틀러의 측근이었던 건축가 알베르트 슈페어 Albert Speer는 뉘른베르크 전범 재판을 받던 중 '책임을 통감하나 죄를 짓지는 않았다'고 항변했다. 철학자 한나 아렌트는 아이히만의 재판을 참관한 내용을 바탕으로 『뉴요커』에 칼럼을 게

재했고 이를 책으로 엮었다. 그 책이 바로 '악의 평범성에 대한 보고서'라는 부제가 붙은 『예루살렘의 아이히만』이다. 그는 이 책에서 '악의 평범성'으로 인해 지극히 평범한 사람이라도 아무런 소신이나 쾌락 없이 그저 성실하게 끔찍한 행동을 할 수 있다고 지적했다.

예일 대학교 심리학과 교수 스탠리 밀그램Stanley Milgram은 충격적인 실험을 통해 아렌트의 주장을 확인하려 했고, 상당한 논란을 불러일으켰다. 밀그램은 처벌을 통한 학습 효과를 연구한다며 실험에 참가할 사람들을 모집했다. 실험자와 피실험자 중 교사와 학생 역할을 제비뽑기로 정하고, 교사 역할을 맡은 피실험자가 여러 개의 단어를 학습시키고, 학생 역할을 맡은 실험자가 이를 정확하게 기억하는지를 확인하는 방식으로 실험이 진행됐다. 연구팀은 교사에게 학생이 틀린 대답을 할 때마다 점진적으로 한 단계 더 높은 전기 충격을 주라고 지시했다. 전기 충격의 강도가 더해질수록 학생은 너무 고통스럽다며 멈춰 달라고 애원했고, 사망에 이를 수 있는 강도의 전기 충격을 받은 학생은 끔찍하게도 정신을 잃은 듯 아무 말도 하지 못하고 멍한 상태가 되기도 했다.

물론 이것은 전부 꾸며낸 상황이다. 교사 역할은 항상 피실험자가, 학생 역할은 연구팀과 미리 약속된 배우가 맡도록 사전에 설계되어 있었다. 그러나 피실험자들은 이 사실을 전혀 알지 못했다. 전기 충격의 강도를 높이라는 연구팀의 지시에 피실험자들은 어쩔 줄 몰라 하며 실험에 문제가 있다는 지적을 하기도 했지만, 학생 역할을 하는 배우들과 미리 공모한 연구팀은 실험을 계속하라고 압박했고, 피실험자들 중 70퍼센트가량이 연구팀의 말을 따랐다.▽ 실험 결과는 대중에게 큰 충격을 주었고, 실험 윤리를 위배했다는 이유로 밀그램은 자격정지를 당한다. 이후 실험 윤리 논쟁에 불이 붙기도 했지만, 실험의 명성 때문에 비슷한 실험이 현재까지 십여 차례 이루어졌고 그 결과는 모두 비슷했다. 평범한 피실험자들의 70퍼센트가량이 그저 주어진 상황에 따라 자신에게 아무런 해도 끼치지 않는 무고한 사람들을 괴롭혔고, 심지어 죽음에 이르게 할 수도 있는 명령에 복종했다. 피실험자들은 사디스트도, 사이코패스도 아니었다. 심지어 〈오징어 게임〉에서처럼 생존이 달린 문제도 아니었다.

밀그램은 권위를 행사하는 어떤 인물의 지배하에 수동적으로 행동하는 상태를 '대리자적 상태'라고 규정했다. 이런 상태에서 우리는 스스로를 권위자가 시키는 대로 행동하는 대리자로 여긴다. 대리자라니, 〈오징어 게임〉에 등장하는 '프런트맨'이 절로 떠오르지 않는가! 밀그램의 실험에서 명령을 하는 사

▽
스탠리 밀그램, 『권위에 대한 복종』, 정태연 옮김, 에코리브르, 2009.

람은 연구를 하는 학자에 불과하다. 그런데 만약 복종이 필수인 군대에서 상관에 의해, 아니면 테러 조직이나 광신도 집단에서 모두가 존경하고 우러러보는 영적 인물에 의해 명령이 하달되고 정당화되면 어떤 일이 벌어질까? 그저 실험을 주관하는 한 사람의 명령에 복종하는 것이 아니라, 전체 공동체에 자신의 열정을 증명하고 그곳에 통합되기 위해 회색분자라는 의심을 피해야 하는 상황이라면. 그런 복종을 두고도 우리는 여전히 '무조건적으로' 비난할 수 있을까?

권위 행사에서 드러나는 악의 평범성

따라서 합의한 규칙을 순순히 따라야 하는 오징어 게임의 참가자들이 게임에서 이기기 위해 타인의 죽음을 조장하는 모습은 그리 놀랍지 않다. 하물며 사회에서 벼랑 끝으로 내몰렸고, 어마어마한 빚을 지고 있으며, 지켜야 할 자식이 있는데다 일촉즉발의 위험이 주변에 항상 도사리고 있는 상황이라면 어떨까(주최 측이 굳이 참가자들을 압박하지 않더라도 한 명씩 탈락할 때마다 최종 상금이 늘어나므로 참가자들은 알아서 서로를 탈락시키려 한다)? 게다가 식사는 형편없고 쪽잠이 일상이며(한밤중에 습격을 받지 않으려면 교대로 불침번을 서야 한다), 화장실도 마음대로 못 가고 피와 땀이 밴 옷을 계속 입고 있어야 한다면 어떻겠는가. 다음 게임이 무엇인지 전혀 모른 채, 친구들이 나를 배신하지 않을까, 내가 먼저 그들을 공격해야 할까를 고민해야 한다면 어떻겠는가. 이런 상황에 놓인다면 누구라도 살아온 인생과 늘 품고 있던 자신만의 원칙은 저 멀리로 사라지고 확신은 금세 흔들리고 말 것이다.

밀그램의 실험이 실행되고 10년 후, 1971년 여름 스탠퍼드 대학교 심리학과 교수 필립 짐바르도Philip Zimbardo는 이와 관련된 또 따른 실험을 실행해 논란을 불러일으켰다. 〈오징어 게임〉에 관해 논하면서 그의 실험을 언급하지 않을 수 없다. 짐바르도 교수는 정신병동을 임시 교도소로 개조하고, 실험 참가자들을 모집해 무작위로 수감자와 교도관으로 나눈 뒤 3주간 실험을 진행했다. 그런데 실험은 누구도 예상치 못한 방향으로 흘러갔다. 교도관 역할을 맡은 이들은 누가 시키지 않았는데도 수감자들을 가학적으로 대했다. 심지어 성적 수치심을 불러일으키는 행위도 서슴지 않았다. 결국 수감자 역할을 하는 이들의 정신적·육체적 건강이 위태로운 지경에 이르게 된다. 교도관 복장을 하고 규정 준수를 감시하는 권한을 가졌다는 것만으로 학생들은 (특히 집단으로 있을 때 더욱) 비정상적으로 행동했다. 그저 실험을 위한 역할극이었을 뿐이었는데도 말이다.

짐바르도 교수는 결국 엿새 만에 실험을 중단했다. '스탠퍼드 교도소 실험'이라 불리는 이 실험은 밀그램의 실험보다 훨씬 더 많은 논란을 불러일으켰고 재개되지 못했다. 이후 짐바르도 교수가 실험에서 중립을 유지했는지에 대해 심각한 의혹이 제기되었다. 그가 피실험자들을 그저 지켜보는 데 그치지 않고 그들이 자신의 역할에 진지하게 몰입하도록 유도했다는 증언이 나왔기 때문이다.▽

설령 짐바르도 교수가 부추겼다고 할지라도, 위험을 인지하고서도 스스로 전기 충격의 강도를 높인 밀그램의 피실험자들처럼, 짐바르도 교수의 피실험자들 역시 타인을 가학하는 일에 몰입한 사실은 부정할 수 없다. 더욱이 위조 여부를 떠나 짐바르도의 실험은 40년이 지나 이라크 포로들을 감금한 아부 그라이브 수용소에서 놀랄 만큼 닮은 모습으로 현현되었다. 공개된 사진에서 미군 간수들은 포로들을 벗기고 머리에 복면을 씌운 채 인간 피라미드를 쌓게 만들고 그 앞에서 활짝 웃어 보였다.

아부 그라이브 수용소의 미군 간수들에 비하면 오징어 게임 진행요원들은 그나마 정상으로 보인다. 물론 부도덕한 몇몇 진행요원이 은밀하게 장기 밀매와 시간에 가담하거나 아직 숨이 붙어 있는 참가자를 관 속에 넣어 버리는 비정함을 보이기도 한다. 그럼에도 공식 임무를 수행할 때에는 진행요원 가운

▽

Thibault Le Texier, *Histoire d'un mensonge: Enquête sur l'expérience de Stanford*, Zones, 2018.

데 그 누구도 참가자들을 모욕하거나 무시하지 않는다. 정확히 말하면 말을 하지 않는다. 자신의 일을 기계적으로 묵묵히 처리할 뿐이다. 진행요원들은 456명의 참가자들을 어떻게 생각할까? 우리로서는 알 길이 없다.

〈오징어 게임〉의 허점

심리학적 관점에서 볼 때, 〈오징어 게임〉의 바로 그 지점이 허점이다. 진행요원은 가면을 쓰고 있으며 이름이 아닌 번호로 불린다. 그들은 빈틈없이 짜인 일정에 따라 움직이며 엄격한 위계질서를 지킬뿐 동료애를 나누지도 않는다. 그런 조건에서도 아무런 불만 없이 규율에 복종하다니, 별로 설득력이 없어 보인다. 그들은 프런트맨처럼 맹목적인 광신도 같지도 않고 VIP들처럼 쾌락을 탐하지도 않는다. 그들은 단지 돈 때문에 그 모든 일을 감내하는 것일까? 어떻게 그토록 순종적일 수 있을까? 그들 역시 게임 참가자들처럼 바깥세상에서 인생의 쓴맛을 본 루저일까?

진행요원이 가면을 쓰고 있는 이유는 참가자와 사적 관계를 형성할 수 없게 하려는 장치인 듯하다. 죽을 각오를 하지 않고는 얼굴을 드러낼 수 없다는 규칙은 비현실적으로 보이며 오히려 그들의 반감과 의심만 키울 가능성이 높다. 기계처럼 맹

목적으로 복종하는 그들이 이름이 아닌 번호로 불리고, 짐바르도 실험의 간수들처럼 서로를 재단하고 감시하고 경쟁한다면 지켜보는 우리도, 또 그들 사이에서도 긴장감이 한없이 높아질 수밖에 없다.

돈으로 거머쥔 권력에 취해 거리낌 없이 사회적·도덕적 특권을 누리며, 자신들이 하층민을 멋대로 처분할 수 있는 귀족 계급이라 생각하는 VIP들이 정체를 드러내지 않는 설정 역시 설득력이 약하다. 그들은 우월감에 젖어 있는 관음증 환자들이다. 그들이 정체를 드러내지 않는 이유는 그들 가운데 가룟 유다 같은 배신자가 나타나 자신들의 정체를 폭로할까 두려워서일까? 아니면 전 세계 부호들이 모인 폐쇄된 이너 서클에서 가면 하나에 의지해 정체를 숨기겠다고 생각할 만큼 현실감각이 둔한 걸까?

진행요원과 VIP는 각각 자신들의 임무와 악행을 저지를 때 가면으로 얼굴을 가려야 훨씬 더 과감해 질 수 있을 것이다. 프런트맨은 늘 규칙을 준수하려고 신경을 쓰지만, 때때로 지나친 집착으로 잔혹하고 야비한 행동을 일삼는다. '선한' 사람들의 잔인한 일탈 행위가 가면을 쓴 악한 자들의 일탈 행위보다 훨씬 더 적나라하게 그려진다는 점에서 〈오징어 게임〉은 씁쓸한 뒷맛을 남긴다. 실제 삶에서 그런 일들이 일어나지 않으리라는 법은 없다. 우리 모두는 상우처럼 알리를 배신할 수 있다. 언제든 그런 상황에 맞닥뜨릴 수 있고 그 누구도 피해갈 수 없다. 사소한 사건, 단 한 번 마주친 시선, 어떤 선택, 또는 우연히 벌어진 어떤 일만으로도 우리는 올바른 길에서 이탈할지도 모른다.

　마지막 화에서 상우는 부상 입은 새벽의 목을 베어 죽인 자신의 행동을 애써 정당화하며 이렇게 말한다. "어차피 죽을 애였어. 고통을 빨리 끝내 준 것뿐이야." 기훈은 그런 상우의 말에 이렇게 응수한다. "함부로 지껄이지 마." 그리고 기훈은 칼을 꺼내 든다. 암묵적으로 그어 놓는 어떤 선을 상우가 넘어버린 순간, 기훈의 공격성이 튀어나온다. 기훈은 마지막 게임에서 상우를 제압하고 이렇게 울부짖는다. "네가 죽인 거잖아! 다 네가 죽였어!" 그렇지만 기훈은 끝내 상우를 죽이지 못한다. 오징어 게임에서 승자가 되기 위해 오징어 머리 부분에 발을 들여놓지도 않는다. 인간성의 발로다. 밀그램 실험 참가자 중 30퍼센트가량의 사람들은 무고한 사람을 죽일 수도 있는 비상식적 실험을 계속하기를 거부했다. 기훈은 그런 부류의 사람이었다.

스톡홀름증후군

〈오징어 게임〉의 프런트맨은 다름 아닌 2015년 오징어 게임의 승자 인호였다. 그는 호스트와 VIP, 진행요원과 참가자 사이에서 핵심적 역할을 한다. 우리는 그가 왜 그런 선택을 했는지 알 수 없지만, 그는 자신의 선택이 옳다고 믿는 듯하다. 게다가 그는 호스트 일남보다 더 확신에 차 있다. 인호의 태도는 스톡홀름증후군으로 이해할 수 있다. 스톡홀름증후군은 스웨덴 심리학자 닐스 베예로트Nils Bejerot가 이론화했고 이후 미국 심리학자 프랭크 옥버그Frank Ochberg가 연구를 이어 나갔다.

1973년 스웨덴 스톡홀름, 한 강도가 은행에 침입해 네 명을 인질로 잡고 일주일을 보냈다. 그는 당시 감옥에 복역 중이던 친구를 석방시키고 은행 안으로 들여보내 줄 것을 경찰에 요구했다. 그러나 대치 끝에 결국 인질범이 항복하면서 경찰은 모든 인질들을 구한다. 그런데 이상하게도 인질들은 인질범과 헤어지기 마음 아파했다. 심지어 목격 증언을 거부할 정도로 인질범과 정서적으로 동화되어 있었다. 한술 더 떠 인질들은 두 인질범의 변호사 비용을 대주기까지 했다. 인질이 인질범에 정서적으로 동화되는 현상은 스톡홀름 인질극 사건에 국한되지 않는다.

오슨 웰스 감독의 영화〈시민 케인〉에 영감을 준 미국의 신문 재벌 윌리엄 랜돌프 허스트William Randolph Hearst의 손녀, 퍼트리샤 허스트Patricia Hearst는 1974년 버클리 대학교 캠퍼스에서 극좌 무장단체 공생해방군SLA에 납치되었다. 그로부터 석 달이 지난 후, 사람들은 충격에 빠질 수밖에 없었다. 언론 재벌의 상속녀인 퍼트리샤 허스트가 납치범과 공범이 되어 여러 차례의 은행 강도 행각에 가담했다는 사실이 밝혀졌기 때문이다. 그는 왜 그런 행동을 했을까? 부유층에 속해 있던 자신의 안락한 삶을 거부하고 저항하는 방식이었을까? 납치범들은 또 다른 은행 강도 행각을 벌이던 중 400여 명의 경찰들에게 포위되었고 45분여 만에 결국 체포된다. 체포 장면은 텔레비전으로 생중계됐다. 퍼트리샤 허스트는 이 사건으로 2년 복역했고, 2001년 빌 클린턴 대통령에 의해 사면된다.

인질이 범인에게 정서적으로 동화되는 이유는 무엇일까? 우선 인질은 납치범과 함께 시간을 보내며 범행

동기, 상황, 그리고 한때 그 역시 피해자였다는 사실 등을 알게 되며 결국 범인을 이해하게 된다. 그리고 마지막에는 그를 용서하는 단계에 이르게 된다(심지어 퍼트리샤 허스트는 납치 후 강간까지 당했다). 인질은 자기 목숨이 범인의 손에 달려 있는 상황에서 나를 살려 준 데 감사하는 마음을 갖게 된다. 거기서 한발 더 나아가면 경찰과 언론, 그리고 내가 속했던 체제에 반감까지 품게 된다.

프런트맨 인호 역시 일남에게 정서적으로 깊게 동화되지 않았을까? 곤경에서 빠져나올 기회를 주었고, 죽음이 예정된 수백 명의 참가자들 사이에서 생존해야 한다는 강렬한 감정을 선사했으며, 무자비한 바깥세상으로부터 도망칠 구멍을 제공한 사람이 바로 일남이었으니 말이다. 게다가 인호는 프런트맨의 역할을 하며 자신이 쓸모 있는 사람이라고 느꼈을 것이다. 그는 게임의 규칙을 수호하고 존중하며 참가자들의 생사여탈권을 쥔 채로 호스트를 대리한다. 임무를 수행하면서 인호는 그때까지 한 번도 경험하지 못한 인정받는 기분을 느꼈을 것이다.

여기서 재미있는 사실은 스톡홀름증후군과 정확히 반대되는 증후군이 존재한다는 사실이다. 바로 '리마증후군'이다. 스톡홀름증후군에 비해 연구 자료가 부족해 설명하기가 쉽지 않은 이 증후군은 페루에서 1996년부터 1997년에 걸쳐 무려 넉 달 동안 이어진 인질극에서 유래했다. 당시 페루 반군 인질범들은 동료 400명의 석방을 요구하며 일본 대사관을 점거하고 백여 명을 인질로 잡아 두었으나, 오래 버티지는 못했다. 인질범들은 인질들과 지나치게 동화되어 정치인들을 비롯한 많은 인질들을 풀어 준다. 대개 인질범은 남아 있는 인질을 사살하지만 그들은 그렇게 하지 않았다. 인질극의 정치적 목적을 파악하지 못한 다수의 어린 테러리스트들(미국은 이 무장 단체를 테러리스트로 규정했다)이 인질들과 시간을 보내며 그들에게 동화된 탓이었다. 이 황당한 사건은 특수부대를 투입한 진압 작전으로 인질범 전원이 사망하면서 종결되었다.

2.

악마는

디테일에 있다

사소하지만 우리의 발목을 잡는 것들에 대하여

1화에서 기훈은 두 개의 계약서에 서명한다. 하나는 자신의 몸을 건 '신체 포기 각서'이다. 사채업자는 기훈에게 이렇게 경고한다. "다음 달까지 못 갚으면, 여기 신장 하나랑 여기 안구 하나 대신 가져간다."(이 장면은 오징어 게임 내부에서 벌어지는 장기 밀매를 암시한다) 빚을 진 기훈의 모습은 지옥문 앞에 선 파우스트를 절로 떠오르게 한다. 또 다른 하나는 오징어 게임에 참가하겠다는 동의서다. 게임 모집책이 기훈에게 그 자리에서 현금을 지급하며 약속을 지키자 기훈은 그를 한없이 신뢰한다. 그러나 기훈은 '참가 동의서'에 적힌 조항을 꼼꼼하게 읽어보지 않고 동의서에 서명한다. 동의서의 내용은 이렇다. '참가자는 임의로 게임을 중단할 수 없다(제1항), 게임을 거부하는 참가자는 탈락으로 처리한다(제2항), 참가자의 과반수가 동의할 경우 게임을 중단할 수 있다(제3항).' 그리고 그 밑에는 보이지 않는 글씨로 주의사항이 적혀 있다. '게임에 참가하려면 목숨을 걸어야 한다.'

이는 이미 널리 알려진 영업의 기술, 미끼를 던지는 수법이다. 예컨대 눈길을 사로잡는 물건을 쇼윈도에 전시한 뒤 세일을 미끼로 손님을 유인한다. 막상 손님이 가게로 들어오면 판매원은 세일하는 물건은 이미 다 팔렸고 대신 다른 좋은 물건이 남아 있다고 말한다. 결국 손님은 제값을 주고 판매원이 안내한 물건을 구매한다. 어쨌든 상점에 들어가서 적어도 체면치레는 했다. 이번에는 자동차를 구입한다고 생각해 보자. 자동차의 상태에 비해 가격이 무척 합리적이다. 자동차를 구매하려는 순간, 영업사원이 판매가에 어떤 옵션도 포함되어 있지 않다는 사실을 고지한다. 그러면서 자신들은 정직하게 영업한다고 자부한다. 그 말을 듣고도 자동차를 구매하는 사람이 있을까? 그런 사람이 있다면, 경의를 표하고 싶다.

밀그램의 실험에서 악의 평범성을 설명하는 데 필요한 요소들 중 하나는 악의 점진성이다. 악은 은밀하게 진행되다가 결국 큰 문제를 일으킨다. 평범한 사람에게 학생이 틀린 답을 말할 때 450볼트의 전기 충격을 가하라고 요구하면 그 사람은 당연히 거부할 것이다. 그러나 밀그램의 실험에서처럼 5볼트, 10볼트, 15볼트로 충격의 강도를 서서히 올리면서 진행한다면, 그는 처음에 경계하던 마음을 풀고 그저 시키는 대로 움직이는 꼭두각시 고문 집행인이 되고 만다. 멈추거나 되돌아

오기 점점 더 어려운 가파른 내리막길을 전속력으로 내려가는 셈이다. 사회심리학에서 이를 '가담'▽이라 한다. 이렇게 되면 그는 '냉각 효과'에 사로잡혀 자신을 합리화하느라 이치에 닿지 않는 말이라도 자신이 한 선택을 고집하며 한결같이 행동한다. "나도 어쩔 수 없었어, 내 책임이 아니야, 그게 뭐 대수라고……." 이런 헛소리를 늘어놓으면서 말이다. 그리고 때로는 보다 과격하게 표현하기도 한다. "분명히 경고하는데, 당신이 날 공격하면 나는 당신에게 더한 짓을 할 거야! 나는 절대로 굽히지 않아." 심리학에서 말하는 '매몰 비용의 오류'에 따르면, 우리는 투자한 비용, 시간, 노력 등이 아까워 더 큰 손해를 입을 확률이 크더라도 결코 제때에 멈추거나 포기하지 못한다.

외부의 압력인가, 자발적 동조인가

그렇게 기훈과 455명의 참가자들은 자발적으로 게임에 참여한다. 그들은 어떤 게임을 하게 될지, 얼마의 상금이 걸려 있는지 전혀 모른다. 극히 제한된 정보는 호기심을 더욱 키운다. 첫 번째 게임이 시작되기 전까지 잘 알지도 못하면서 참가자들 중 누구도 게임을 포기하지 않는다. 다만 게임에 걸린 상금이 어마어마하게 큰 금액일 거라고 다들 짐작할 뿐이다. 오징어 게임 참가자들은 게임에 참가할지 다 함께 중단할지

▽

Robert-Vincent Joule · Jean-Léon Beauvois, *La Soumission libremente consentie*, PUF, 2017.

자유롭게 선택할 수 있다. 이 선택의 자유가 참가자들을 함정에 빠지게 만든다. 오징어 게임 주최 측은 선택에 제약을 두면 오히려 역효과가 일어난다는 사실을 미리 알고 있었던 듯하다.▽

무궁화 꽃이 피었습니다 게임에서 참가자 456명 중 255명이 탈락한다. 게임 종료 직후 〈오징어 게임〉에서 가장 허를 찌르는 장면이 등장한다. 생존자들은 투표를 통해 게임을 중단하고 사회로 복귀했다가 불우한 현실을 타개하고자 다시 게임에 참여하기로 결심한다. 첫 번째 게임에서 살아남은 201명의 참가자들 중 14명을 제외한 187명이 돌아온다. 이제는 다음과 같이 새로운 조항이 추가되는 것이다. '참가자는 승리를 위해 최선을 다해야 하며 다른 참가자와 경쟁해야 한다. 게임을 하는 도중 참가자의 목숨이 위협받을 수 있다.'

상금을 따내 새로운 삶을 시작할 희망에 부푼 돌아온 참가자들은 눈에 보이지 않는 위험을 개의치 않는다. 7화에서 69번은 아내와 짝을 지어 구슬치기를 하다 아내는 죽고 자신만 살아남는다. 이후 충격에 빠진 그는 게임을 멈추고 여기서 자신과 함께 나가자고 사람들을 설득하지만, 침묵만 돌아온다. 그때 상우가 소리친다. "여기서 나가면 당신 부인이 살아 돌아와? 저거 두고 그냥 나가자고? 나가서 다시 밑바닥에서 지랄

▽
Robert Cialdini, *Influence et manipulation*, Pocket, 2014.

같은 인생까지, 지랄 같은 죄책감까지 안고 살자고?"게임을 중단하고 사회로 돌아가더라도 그들을 기다리는 것은 자책과 자괴감, 죄책감으로 가득한 비참한 인생뿐이다. 돌이키기에는 너무 늦었다. 그렇게 오징어 게임 참가자들은 밀그램 실험 참가자들처럼 잘못된 상황에 차츰 더 깊숙이 발을 담그면서 최악의 상황에 직면한다. 라퐁텐의 명언에 따르면, 자기 체면을 중요시하는 조종자는 인내하고 기다릴 줄 안다. 그것은 강압이나 분노보다 더 큰 힘을 발휘한다.

책임감과 '죄책감'

〈오징어 게임〉에 등장하는 게임들은 다른 사람의 목숨을 앗아갈 정도로 상당한 폭력성을 참가자들에게 요구한다. 참가자들은 아마도 자신이 그렇게 폭력을 행사할 수 있으리라 미처 예상하지 못했을 것이다. 무궁화 꽃이 피었습니다와 달고나 뽑기를 할 때 참가자들은 혼자 게임에 임한다. 따라서 다른 사람의 목숨을 직접적으로 위협하지는 않는다.

반면 줄다리기 게임에서는 모든 것이 어그러진다. 우리 팀의 승리는 곧 패배한 상대 팀 열 명의 죽음을 의미한다. 맨 앞에 선 기훈은 그와 마주하고 있는 194번의 눈에 서린 공포를 읽는다. 기훈은 그때 누군가의 목숨을 대가로 살아남는다는 의미를 깨닫는다. 그러나 기훈은 자신에게만 책임이 있는 것은 아니라고 합리화하며 자신을 위안한다. "나만 그런 게 아니잖아, 그러니까 난 죄가 없어." 어쩌면 기훈은 팀원 전체가 갑자기 앞으로 세 발자국 움직여 상대 팀을 넘어뜨리는 작전을 생각해 낸 상우가 도덕적 책임을 짊어져야 한다고 믿거나, 한 팀이었던 아홉 명의 목숨을 살리려면 어쩔 수 없는 선택이었다고 변명할지도 모른다.

네 번째 게임인 구슬치기가 끝나고 기훈의 마음은 더욱 무거워진다. 기훈은 마음을 터놓고 지낸 선량한 '간부' 일남의 치매를 이용해 그를 속인다. 구슬치기에서 일남의 탈락은 전적으로 게임에서 이기려는 기훈의 욕심이 만든 결과였다. 그 이후, 기훈은 상우에게 살해당한 새벽의 시신을 앞에 두고 분노하며 상우를 죽이려 한다. 기훈은 그때부터 돈을 위해, 딸을 위해, 어떤 이상을 위해서가 아니라 순전히 복수심과 야만성에 사로잡혀 마지막 게임인 오징어 게임에서 상우와 무자비한 싸움을 벌인다. 기훈은 게임에서 승기를 잡았으면서도 경쟁자 상우를 직접 죽이지 않으면서 보다 더 큰 승리에 도달한다.

학습된 무력감 vs 통제의 환상

게임 참가자들은 숨통을 조이며 더 깊은 수렁으로 끌고 들어가는 두 개의 악순환에서 헤어 나오지 못한다. 첫째는 막대한 빚과 사회적 소외이고, 둘째는 게임이다. 참가자들은 456억이라는 막대한 상금으로 두 악순환의 고리를 끊어 내기를 희망한다. 참가자들은 이렇게 생각했을 것이다. '상황을 받아들이자. 이미 만신창이가 되었는데 어떻게 되든 무슨 상관인가!'

미국 심리학자 마틴 셀리그먼Martin Seligman은 이미 1970년대에 오징어 게임 참가자들이 보이는 심리 상태를 '학습된 무력감'에 빠진 상태라고 규정했다. 학습된 무력감에 빠지면 어떤 선택이나 노력을 해도 백전백패한다. 이후에는 아무것도 하지 않고 포기해 버리는 루저 단계에 이른다. 포기하면 최악의 상황을 피하고 그나마 불안을 덜 수 있기 때문이다.

한편, 악순환 상태에 놓이면 통제에 대한 환상이 생긴다. 스스로 궁지에서 벗어날 수 있을 것만 같은 확신이 생긴다. 죽음은 내가 아닌 남의 일이며, 총알은 나를 피해 갈 것 같다. 악순환에서 나를 구출하는 힘은 우연이나 신의 은총이 아니라 바로 나 자신, 나의 땀, 나의 피라고 믿는다. 스스로 운이 좋은 사람이라 여기며 게임에서 우승할 456분의 1이라는 가능성을 낙관한다. 바깥세상에서는 그나마도 꿈꾸지 못했다. 첫 번째 게임을 마치고 이길 가능성은 201분의 1로 높아졌지만, 참가자들은 게임을 중단하고 현실이라는 지옥으로 복귀한다. 오징어 게임이 재개되고, 두 번째 게임과 광분해 서로를 죽고 죽이는 한밤중의 난투극이 끝난 이후, 게임에서 이길 가능성은 80분의 1로 증가한다. 이렇게 생존 가능성이 가파른 속도로 올라가는 마당에 발을 뺄수 있을까? 그럴 수 없다. 69번 단 한 명만이 스스로 목을 매 게임을 포기한다. 기훈 역시 마지막 게임을 하던 중 상우에게 그만두자고 제안하지만 거절당한다. 상우는 어쩔 수 없이, 아니 자포자기하는 심정으로 자살을 하고 기훈을 승자로 만든다. 오징어 게임의 참가자들은 학습된 무기력에서 벗어나 현실적이고 재빠르게 곤경에서 벗어나려 발버둥을 쳤다. 그들은 스스로 정해진 운명을 통제할 수 있을 거라는 환상을 가졌었다. 환상은 그들에게는 큰 위로가 되었겠지만, 환상은 어디까지나 환상일 뿐이다.

참가자들은 우승 가능성이 456분의 1이니 잃을 것이 없다고 생각한다. 죽을 가능성이 456분의 455라고 바꾸어 생각한다면 이야기가 완전히 달라진다. 동일한 사안이라도 제시되는 방법에 따라 해석과 의사 결정이 달라지는 인식 왜곡 현상을 심리학에서는 '프레이밍 효과'라 한다. 첫 번째 게임을 시작하기 전까지 패자는 죽는다는 사실을 인지하지 못했지만, 게임이 진행될수록 최후의 승리자가 될 수도 있다는 희망 역시 점점 더 커진다. 초심자의 행운으로 현실을 제대로 파악하지 못할 때처럼, 참가자들은 오래지 않아 자신이 좋은 운을 타고났다고 굳게 믿어 버린다. 이런 현상은 농구 경기에서도 나타난다. 한 선수가 운이 좋아 연속적으로 득점을 하면 관중들은 그다음에도 그 선수가 득점을 할 확률이 높다고 믿는다. 같은 상황을 심리학에서는 '핫 핸드 효과'라고 한다. 합리적인 통계학자는 그저 일시적으로 확률의 변동이 일어났을 뿐이라고 말하겠지만 말이다

☞ 함께 읽을거리

롤프 도벨리, 『스마트한 생각들』, 두행숙 옮김, 걷는나무, 2012.

3.
도덕적
이탈

인지부조화에서 비롯되는 고통

압박 속에서 그릇된 행동을 저지르고 그에 대해 자기 합리화를 한다고 선한 사람이 갑자기 '악인'이 되지는 않는다. 기훈이 승리를 위해 깐부 일남을 속여야겠다고 마음먹었더라도 밥 먹듯이 배신과 폭력을 일삼는 덕수만큼 비난받을 만한 악인으로 돌변하지는 않는 것처럼 말이다. 유리 조각이 배에 박혀 피를 철철 흘리는 새벽을 구하려고 애쓰는 덕수를 상상이나 할 수 있겠는가. 기훈이 '악인'으로 변한 건 아니지만, 그는 그답지 않은 악행을 저지른다. 기훈은 어마어마한 상금에는 손도 대지 않은 채, 자신의 악행을 후회하며 폐인처럼 살아간다. 그러다 자신의 깐부 일남이 죽지 않고 살아 있다는 사실을 알게 된다. 일남은 자신을 속인 기훈을 우정으로 용서한다. 그리고 일남은 자신의 삶이 곧 끝난다는 것을 직감하고 기훈에게 진실 한 조각을 내보인다. 바로 기훈이 가장 자책하던 일, 게임에서 이기기 위해 가장 약한 참가자인 일남을 희생시킨 것에 죄책감을 가지지 않아도 된다는 사실이다.

대개 죄의식을 느끼는 경우는 둘 중 하나다.

• 하나는 처벌을 받기 싫어 규칙을 지켰을 때다. 과속 단속 카메라에 찍히지 않으려고 규정 속도를 준수할 때처럼 말이다. 그렇게 우리는 규칙 위반으로 발생하는 외부의 문제를 피할 수 있다.

• 또 다른 하나는 양심의 가책을 느끼지 않으려고 규칙을 지켰을 때다. 이때는 자책할 만한 어떤 일도 만들고 싶지 않아서 규칙을 지킨다. 그렇게 우리는 우리를 괴롭히는 그 작은 목소리, 우리가 해야만 하는 일을 상기시키고 우리를 불편하게 만드는 자책의 목소리 덕분에 내부에서 비롯되는 문제를 피할 수 있다.

죄책감은 사회심리학에서 인지부조화라 부르는 예외적인 상황에서 일어난다.▽ 인지부조화란 우리의 신념과 행동 사이에, 또는 우리의 견해 사이에 지속적으로 모순이 발생하는 현상이다. 기훈 역시 자신은 착한 사람이지만 게임에서 이기려면 다른 이들을 밟고 넘어서야 하고 때로는 그들에게 직접적인 고통을 줘야 하는 상황에서 인지부조화를 느꼈을 것이다. 기훈에게는 그야말로 최악의 시련이다.

▽
레온 페스팅거, 『인지부조화 이론』, 김창대 옮김, 나남출판, 2016.

자책과 자기합리화

그렇다면 인지부조화는 어떻게 해소할 수 있을까? 외부적 요인 또는 내부적 요인을 통해 해소할 수 있다. 외부적 요인이란, 새로운 사실이 밝혀지며 인지부조화가 해소될 때를 말한다. 예컨대 기훈은 일남의 죽음이 자신의 탓이 아니라는 사실을 깨닫고 인지부조화를 해소한다. 그러나 외부적 요인이 발생하지 않는다면 우리는 직접 인지부조화를 해소할 수밖에 없다. 도덕 기준을 조금 변경하고 자신마저 설득되는 명분을 내세우면서 말이다. 예를 들면 이런 식이다. "그를 내가 죽인 건 맞다. 부인하지는 않겠다. 그러나 선택의 여지가 없었다.", "그는 형편없는 사람이었다.", "내가 그를 죽이지 않았다면 그가 나를 죽였을 것이다.", "그런 상황에서는 누구나 그랬을 것이다. 그러니 괜찮다.", "인간의 목숨은 우리가 생각하는 것만큼 그렇게 소중하지 않다." 등 내세울 수 있는 명분은 많다. 그리고 명분은 여럿일수록 좋다.

우리는 스스로 명분을 찾고 애써 그것을 믿으려 한다. 그렇게라도 하지 않으면 인지부조화로 폐인이 된 기훈처럼 우리 자신을 스스로 모욕하는 지경에 이를 수도 있다. 막대한 빚을 지고도 어머니를 속이면서 여전히 완벽한 아들인 척하는 상우는 죄책감에 괴로워하며 자신이 저지른 최악의 행동에 대한 명분을 찾으려 한다. 상우는 인지부조화를 해소하는 데 탁월한 인물이다. 새벽을 살해하고 나서도 어차피 그냥 놔뒀어도 죽을 애였다며 자기합리화를 한다. 그보다 앞서 유리 징검다리 건너기 게임에서는 유리 공장에서 일했던 참가자를 아래로 떠밀면서 위기를 모면한다. 8화에서 상우는 그의 행동을 비난하는 기훈과 설전을 벌인다. 상우는 기훈에게 이렇게 말한다. "운 좋게 제일 뒷자리를 뽑더니 마음이 아주 너그러워지셨네?" 그러자 기훈은 이렇게 응수한다. "그게 나였어도 밀었을거냐?" 분노한 상우는 일갈한다. "아, 기훈이 형! 형 인생이 왜 그 모양 그 꼴인지 알아? 지금 이 상황에도 그런 한심한 질문이나 하고 자빠졌으니까!" 질문을 던지는 것은 인지부조화의 전형적 반응이다. 그렇게 각자는 상대에게 자신의 루저 같은 모습을 투사한다. 한 사람은 상대를 있으나 마나 한 한심한 인간으로 취급하고, 또 한 사람은 상대를 똑똑하지만 바보처럼 사는 자신보다 나을 것이 없는 인간으로 취급한다. 경찰 준호는 또 어떤가. 그는 진행요원의 유니폼을 빼앗으려고 진행요원을 해쳐 결박하고, 도축된 고깃덩어리를 매단 식료품 실에 버려둔다. 그때 준호는 무슨 생각을 했을까? 그 역시 자신의 양심에 거스르는 일을 벌이고는 이렇게 자기합리화를 했을 것이다. '나는 경찰이면서 사람을 해쳤다. 그러나 이는 정의를 실현하고 진실을 파헤치기 위한 불가피한 행동이었다.' 혹은 기훈처럼 '그런 상황에서 한심한 질문을 던지지 않으려고' 아예 아무런 생각을 하지 않았을 수도 있다. 생각을 하지 않으면 인지부조화가 생길 수 없다! 그러면 부조리도, 양심의 가책도 우리를 괴롭힐 수 없지 않겠는가.

도덕적 이탈로 나타나는 세 가지 현상

20세기 가장 영향력 있는 심리학자 중 하나로 꼽히는 앨버트 밴듀라Albert Bandura는 일반 도덕이 아니라, 자기 생각에 더 우월하다고 믿는 고유한 도덕에 따라 행동할 때, '자기 면책' 현상이 일어난다고 지적했다. 이 경우, 불의에 항거한다는 명목으로 정해진 규범을 초월하여 법의 위반을 정당화한다. 다시 말해, 나보다 열등한 사람들은 악으로 상정하고 자기 행동에는 정당한 이유가 있다고 합리화하는 식이다. 그리고 때로는 정말로 그런 상황이 일어나기도 한다. 물론 아주 가끔이지만…….

자기 면책뿐만 아니라 책임 회피는 온갖 양심의 가책에서 벗어나는 데 훌륭한 도구가 된다. 예컨대, 이렇게 생각하는 것이다. '내가 아니라 저 사람 때문에 그런 일이 벌어진 거야…… 나는 명령에 따랐을 뿐이야. 책임은 있더라도 죄를 지은 건 아니야. 저 가련한 이들이 나 때문에 고통을 받았지만, 그에 대해 불만이 있을까? 없지 않을까? 혹시 저들이 고통을 과장하는 것이 아닐까? 저들이 내 의도를 파악하지 못한 것은 아닐까? 어쨌거나 저들은 다른 사람들에 비해 저열하고 비인간적인 사람들 아닌가?'

마지막 게임에서 승리한 후, 기훈은 프런트맨에게 이렇게 묻는다. "왜 이런 짓을 하는 거지?" 프런트맨은 경마에 빠졌던 기훈을 비아냥대며 이렇게 대답한다. "경마 좋아하시죠? 당신들은 말입니다. 경마장의 말. 의외였어요. 당신은 얼마 달리지 못할 줄 알았는데." 프런트맨의 말투는 친절하지만 그 말속에는 참가자들에 대한 경멸이 담겨 있다. 자신 역시 몇 년 전에는 참가자였으면서 말이다. 참가자, 진행요원, VIP, 프런트맨은 인간에 대한 모든 연민을 버린 채 번호, 유니폼, 가면, 비밀, 수치심 등 다양한 방식으로 인간성을 지워 버린다. 과연 이 이야기에서 가장 비인간적인 자는 누구일까?

자기 면책, 책임 회피, 희생자에 대한 비인간화는 앨버트 밴듀라가 지적한 도덕적 이탈로 나타나는 세 가지 현상이다.▽ 한마디로 말하면 이렇다. '나는 도덕을 지키겠다고 한 적이 없으니 전혀 부도덕하지 않다. 나는 최고의 도덕, 즉 내가 정의한 나의 도덕만을 따른다.'

▽
앨버트 밴듀라, 「도덕성의 분리와 비도덕적 행위의 정당화」, 김의철·이상미·박선영·박은실 옮김, 교육과학사, 2018.

군중은 쉽게 흥분한다?

〈오징어 게임〉 등장인물들은 각자 개성이 너무 뚜렷해서 게임이 진행될수록 집단의 결속력은 약화된다. 게임에서 살아남은 사람들은 한 목소리를 내는 법이 없다. 게임 주최 측에 반란을 일으키거나(상대에게 보복하기 위해 무고한 사람들을 학살하는 폭동이 일어나기는 했다), 권리를 주장하거나, 게임에 이의를 제기하거나, 혹은 프런트맨에게 무언가를 말하는 데 있어 의견이 항상 엇갈린다.

4화에서 참가자들은 숙소에서 첫날 밤을 보낸다. 이때 참가자들은 서로를 알아 가려고 시도하지만, 결국은 서로가 서로를 탈락시킬 거라는 사실을 알고 있다. 참가자들은 각자 떨어져 휴식을 취하거나 소규모로 무리를 지어 거리를 둔 채 서로 경계한다. 이런 상황에서 게임 주최 측의 의도에 따라 참가자들 사이에서 살육전이 발생한다. 덕수가 다른 사람의 음식을 가로채 참가자들 간에 불화가 일어나면서 패거리 간 알력 싸움이 일어날 조짐이 보이기 시작한다. 밤이 되어 소등이 되자마자 참가자들 사이에 존재하던 팽팽한 긴장감이 야만적으로 폭발한다. 참가자들은 온갖 수단을 동원해 서로를 닥치는 대로 공격한다. 프런트맨은 칠흑 같은 어둠 속에 섬광을 번쩍거려 공포를 한층 더 부추긴다. 그야말로 참가자들 각자가 자신의 불안과 공격성을 쏟아 내는 전면전이라 할 수 있다. 새벽이 목격했듯, 심지어 같은 패거리 내에서도 서로를 죽고 죽인다.

〈오징어 게임〉에서 가장 강렬한 감정이 폭발하는 장면 중 하나로 꼽히는 한밤중 유혈 사태는 실제로 일어날 수 있을까? 19세기부터 서양 사회에서는 군중을 언제든 극단적으로 폭발할 수 있는 존재로 여기며 불신했다. 당시 지식인들이 보기에 군중은 천민 패거리였다. 천민은 노동력이나 병사로 쓰기 위해 길들여야 하는 존재였다. 사회 지도층은 무분별한 혁명, 새로운 사회를 꿈꾸는 노조 활동, 그리고 무정부 상태로 이어질 수 있는 군중의 폭동을 경계했다. 그들은 군중이 치명적인 잔혹성을 드러내는 매력적이고 카리스마 넘치는 리더에 열광하여 잔잔한 파도에서 순식간에 해일로 돌변할 수 있는 집단이라고 생각했다. 군중은 경솔하고, 쉬이 격정에 휩싸이며, 권위적인 마초에 매혹되는 미치광이 여인으로 비유되었다.

그러나 1789년 프랑스혁명이 발발하고 이 역사적 대사건을 목도하면서 사람들은 군중을 다른 시각으로 보기 시작했다. 군중은 역사를 바꿀 수 있는 충동적이고 파괴적인 세력으로 인식되기 시작했고, 그런 군중을 분석하는 학문은 19세기 이전까지는 역사학뿐이었다. 19세기 말에 이르러 심리학과 사회학이 확고한 기반을 잡으면서 프랑스의 두 학자 가브리엘 타르드와 귀스타브 르봉(1895년 발간된 그의 저서 『군중심리』는 사회심리학의 고전으로 평가된다)이 군중을 분석하기 시작했다. 보들레르에서 오스카 와일드까지 귀족적 품위와 댄디함을 고수하는 여러 작가들은 대중소설, 저널리즘, 그리고 무지몽매한 군중들에게 호기심거리로 던져지는 저속한 문화가 증가하는 것을 강하게 비판했다(이때부터 소비사회에 대한 비판이 예견되었다). 당시 지식인들은 사회를 오염시키고 타락시키는 노동자와 천민들에 의해 사회의 '대대적 교체le grand remplacement'▽가 이루어지는 상황을 매우 우려했다.

20세기 중반까지 군중을 선동하는 독재자들이 잇따라 등장하고 파시즘과 나치즘이 대두되면서 군중에 대한 이런 비판적 이론은 큰 힘을 받았다. 시민이나 블루칼라 노동자들로 이루어진 군중은 무슨 짓이든 다 할 수

▽ 2011년 프랑스의 작가 르노 카뮈가 쓴 책의 제목으로 기존 토착 인구가 이주민에 의해 교체되면서 발생하는 인종 소멸 공포를 담았다.─옮긴이 주

있는 집단으로 여겨졌다. 우매한 군중은 '자신보다 열등한 사람들'로부터 자신을 지킨답시고 대재앙을 일으킬 태세였다. 1572년, 집단 광기가 폭발해 센강을 피로 넘치게 한 성바돌로매축일의학살▽ 이후 그것은 전혀 낯설지 않은 현상이었다.

4화에서 등장하는 집단 난투극은 군중에 대한 이런 이론을 고스란히 반영한 모습이다. 개인의 모든 책임에서 벗어났다고 믿는 흥분한 군중을 모아 선동하면 그들은 특별한 이유가 없어도 야만적이고 비인간적인 짐승처럼 돌변한다.

군중에 대한 최근의 연구 경향은 보다 신중하고 치밀해졌다. 집단의 영향력에 휘말려 문명의 외피가 벗겨지자마자 야만성을 드러내기 보다는, 오히려 패닉 상태에 빠져 비정상적인 행동을 보인다고 분석하는 경향이 두드러지고 있다. '패닉'이라는 말은 전사들의 이성을 잃게 만드는 능력이 있다고 알려진 그리스 신 '판'에서 유래했다. 이성을 잃고 흥분한 군인들은 진짜 정신착란에 빠지기라도 한 것처럼 극단적인 경우, 친구든 적이든 가리지 않고 닥치는 대로 해치워 버렸다. 지금은 집단적인 잔혹 행위를 가리키는 말이 아니라 본능적으로 느끼는

▽
로마 가톨릭교회 추종자들이 위그노, 즉 프랑스 개신교도들을 학살한 사건으로 희생자의 수는 약 3만 명에서 7만 명으로 추산된다. 역사상 가장 비참하고 잔혹한 대학살로 꼽힌다.—옮긴이 주

두려움으로 인해 무모한 행동을 하는 현상으로 패닉의 의미가 확장되었다. 이 지점에서 〈오징어 게임〉에 등장하는 집단 난투극은 다른 시각으로 해석될 수 있다. 청록색 체육복을 입은 불행한 참가자들은 자신 스스로 늑대가 되는 것이 아니라, 다른 이들을 늑대로 여기고 두려워할 뿐이다. 참가자들은 자신을 지키기 위해 최악의 행동을 감행한다. 이는 타인의 목숨을 빼앗으려는 의도가 아니라 자기 목숨을 지키기 위함이다.

두려움에 굴복하지 않는 군중은 자신의 목숨이 경각에 달린 상황에서도 시민의식을 발휘해 이성적으로 행동한다. 우리가 알고 있는 것과 달리, 타이태닉호가 침몰했을 때, 승객들은 몇 대 없는 작은 구명보트에 올라타려고 소란을 일으키지 않았다. 그들은 먼저 구조되어야 할 사람들을 매우 침착하게 결정했고, 끝까지 품위를 잃지 않았다(당연히 여성과 아이가 제일 먼저 구조되었다). 많은 사람들이 기꺼이 자신을 희생했으며, 군중은 최악의 혼란스러운 상황에서도 이성적으로 행동했다. 2011년 9월 11일, 뉴욕 세계무역센터에서 테러가 일어났을 때, 사람들은 다급하게 대피하는 과정에서 서로를 떠밀지 않았고 바닥에 쓰러져 있는 사람들을 밟지도 않았으며 계단으로 쏟아져 나오지 않고 대피 매뉴얼에 따라 침착하게 계단을 내려왔다. 창문으로 뛰어내린 희생자들도 있었으나, 그들이 빌딩에서 나가려고 투신했다고 믿는 사람은 없다. 그들은 그저 활활 타오르는 불길 속에 그대로 있느냐, 창문으로 뛰어내리느냐를 고민하다 불가피한 선택을 내렸을 뿐이다. 군중의 집단행동이 반드시 인간의 품격을 해친다고 말할 수 없다. 군중의 집단행동이 어떤 결과를 만들지는 예측할 수 없다. 인간은 늘 예측할 수 없는 존재이다. 하물며 다수의 군중이야 오죽할까?

☞ 함께 읽을거리

Louis Crocq, *Les Paniques collectives*, Odile Jacob, 2013.

#3

재미로 하는 게임이 아니다,

〈오징어 게임〉에 담긴 심리학

"여긴 지옥이야, 지옥에 규칙이 어디 있어?"
_7화, 덕수의 대사

1.

본 게임과
보너스 게임

본 게임

〈오징어 게임〉의 슬로건은 올림픽에서 내세우는 슬로건과 완전히 반대다. 오징어 게임은 참가가 아닌 승리에 의의를 둔다. 영국 정신분석학자이자 소아과 전문의 도널드 위니콧Donald Winnicott은 어린 시절의 놀이를 '과도기적 공간' 즉, 부모의 품과 탐험해야 할 광대한 세계 사이에 놓인 완충지대로 규정한다. 그의 이론에 따르면, 어린아이들은 원하면 언제든 중단하고 안전한 현실로 돌아올 수 있는 가상의 놀이에서 실제 상황'처럼' 행동하며 평범한 혹은 특수한 사회적 상호작용을 배운다.▽

그런데 〈오징어 게임〉에서는 실제 상황'처럼' 행동할 수가 없다. 게임에서 지면 목숨이 위태로운 상황에서 참가자들에게 남은 선택은 어린아이'처럼' 행동하는 것뿐이다. 죽음이 도사린 과도기적 공간에서 말이다.

456명의 참가자들은 아래 여섯 개의 본 게임을 차례로 참가하며 경쟁한다.

▽
Donald Winnicott, *Playing and Reality*, Basic Books, 1971.

• 1. 운동장에서 하는 고전적 게임인 무궁화 꽃이 피었습니다는 개인전으로 치러진다.

• 2. 달고나에 찍힌 모양을 깨뜨리지 않고 떼어 내는 달고나 게임 역시 개인전이다.

• 3. 줄다리기는 열 명이 한 팀을 이루는 단체전이다.

• 4. 구슬치기는 둘이 짝을 이루어 서로 경쟁한다.

• 5. 유리 징검다리 건너기는 참가자가 직접 선택한 번호 순서대로 유리 징검다리를 건너는 게임이다. 강화유리는 밟아도 문제가 없지만, 일반 유리는 밟는 즉시 깨지고 참가자는 아래로 추락한다. 이 게임은 앞사람의 진행 경로를 보고 이동할 수 있는 뒷사람이 절대적으로 유리하다.

• 6. 오징어 게임은 마지막 본 게임으로 두 사람이 공격과 수비로 역할을 나누어 진행한다. 유일하게 시간제한이 없다.

보너스 게임

〈오징어 게임〉에서는 여섯 개의 본 게임과 보너스 게임이 등장한다.

• '양복남'과의 딱지치기는 보너스 게임 중 하나다. 딱지치기에서 지면 이긴 사람에게 10만 원을 주거나 따귀 한 대로 벌금을 대신한다. 양복남과의 딱지치기를 계기로 기훈은 경마를

그만두고 일남이 오랫동안 기획한 오징어 게임에 발을 들인다.

• 마지막 화에서 병으로 죽어 가는 일남은 기훈에게 마지막 내기를 제안한다. 이는 작중 마지막 보너스 게임으로, 두 사람은 그 자리에서 게임의 규칙과 무엇을 걸지를 정한다. "나랑 게임 한 번 더 하지. 자정까지 저 사람이 그대로 길가에 있으면은 내가, 누군가 저 사람을 도와주면 자네가 이기는 거야." 그러자 기훈이 대답한다. "당신이 지면, 내 손으로 당신을 죽일 거야."

• 프런트맨이 경찰 준호를 추적하는 것도 일종의 게임이라 할 수 있다. 준호는 자신을 잡으러 온 프런트맨과 진행요원들에게 그들의 범행을 전부 경찰에 보고했으며, 곧 해경이 도착한다고 경고한다. 그러나 프런트맨은 준호의 말을 허풍이라 여기며 이렇게 말한다. "글쎄, 대한민국 경찰이 그렇게 열심이었던가? 그리고 여긴, 전화도 잘 되지 않는 지역이야." 우리 역시 표범 가면을 쓴 VIP의 자백이 담긴 사진과 동영상 파일이 제대로 경찰에 전송되었는지 알 수 없다. 준호는 프런트맨에게 자수하면 정상참작이 된다며 그와 협상을 시도한다. 그러나 프런트맨은 이렇게 답한다. "지금이라도 그 총 내려놓고 핸드폰 넘겨주면, 목숨은 살려 줄 수도 있어." 준호는 프런트맨을 향해 총을 쏘고, 총상을 입은 프런트맨은 가면을 벗는다. 그때 준호는 프런트맨이 그토록 찾아 헤맸던, 그러나 이제 적이 되

어 버린 형 인호라는 사실을 알게 된다. 결국 인호는 준호를 향해 총을 쏜다. 인호에게는 오징어 게임의 규칙이 도덕, 형제애, 혈연관계보다 더 중요했던 것이다. 둘 사이의 게임은 그렇게 끝이 난다.

• 프런트맨 역시 은밀하게 자신만의 게임을 한다. 호스트와 VIP에게 경찰 잠입 사실을 숨겨야 하기 때문이다. 이 사실이 밝혀진다면, 프런트맨은 제거될 수 있다.

• 7화에서 표범 가면을 쓴 VIP는 웨이터로 변장한 준호에게 반해 그를 강렬하게 욕망한다. 자신이 원하면 언제든 가능한 성적 유희가 늙은 포식자인 VIP에게는 일상이었을지라도, 준호에게는 예측해 본 적 없는 위기다. 이에 준호는 VIP에게 속임수를 쓰며 자신만의 게임을 시작한다. 준호는 VIP에게 이렇게 요구한다. "절 데려가 주세요. 우리 둘만 있을 수 있는 곳으로." VIP는 준호의 요구를 승낙하고 자신이 정한 규칙을 제시한다. "네가 5분 안에 날 만족시킨다면, 네 인생을 바꿔 줄 수도 있어." 이에 준호는 VIP의 급소를 공격하고 제압한 다음 자백을 요구하며 VIP의 말을 되돌려 준다. "네가 날 5분 안에 만족시킨다면, 널 살려 줄 수도 있어." 이 사건 역시 두 사람 사이에서 즉흥적으로 이루어진 게임이라 할 수 있다.

• 오징어 게임을 관람하는 VIP도 게임을 한다. 표범 가면을

쓴 VIP는 자신이 우승자로 베팅한 69번이 자살하자 아쉬워한다. 그는 번호가 성적인 암시를 준다는 이유만으로 69번에 백만 달러를 걸었다. 그는 '69'를 뒤집으면 '96'이라며 단순하게 96번의 승리에 돈을 건다.

마지막 게임

게임 안에 또 다른 게임이 있다. 바로 사회적 연극이다. 우리는 VIP들처럼 자신을 숨기는 동시에 과시하기 위해서가 아니라 다른 이들의 눈에 띄지 않거나 그렇지 않은 척하려고, 또는 관습에 따르거나 다른 이들과 어울리기 위해 가면을 쓴다. 그렇게 우리는 타인의 신뢰를 얻는 동시에 타인을 감시한다. 프랑스 각본가 사샤 기트리Sacha Guitry도 "연기는 재미로 하는 것이 아니다"라고 말하며 연기자라는 직업을 깊이 사유한 바 있다. 고대 연극배우가 썼던 가면 페르소나는 배우의 목소리를 증폭시키는 동시에 등장인물을 구별하는 장치였다. 분석심리학의 대가 카를 구스타브 융은 이에 영감을 받아 '페르소나 이론'을 발전시켰다. 융은 우리가 타인의 시선, 즉 사회적 합의를 의식해 가면을 쓰고 다른 얼굴을 연기한다고 주장했다. 때로 우리는 가면을 쓰고 타인에게 비굴하게 굴기도 하고, 자신의 본모습을 숨긴 채 상대가 요구하거나 기대하는 모습을 보이려 노력한다. 문제는 심리학자 위니콧이 지적했듯, 스스로 가면에 갇혀 '가짜 자아'에 지나치게 신경을 쓴다면, 도움과 함께 압박을 가하는 가면을 벗을 수 없는 지경에 이르게 된다는 것이다.

상우는 능력 있는 대기업 직원이라는 가면으로 비참한 처지를 숨긴 채 살았다. 상우의 가면은 오징어 게임을 통해 벗겨지고 가면 아래 가려졌던 모습들이 적나라하게 드러난다. 성공을 위해 자신의 감정을 절제하는 냉정하고 실용주의적인 본모습 말이다. 모범생과 대기업 직원이라는 모습 뒤에 감춰진 또 다른 상우가 진짜 상우의 모습일까? 그렇게 볼 수는 없다. 그는 딱히 유쾌하지도 않지만 그렇다고 남을 괴롭히지도 않는다. 자신의 목숨이 위협받지 않는 선에서 알리를 도와주고, 마지막 순간까지 어머니를 걱정한다. 마지막 게임에서 기훈을 이기려 하거나 그를 공격하기보다 차라리 자신의 목에 스스로 칼을 꽂는다. 그는 본래 전혀 악한 사람이 아니었다. 다만 남들보다 뛰어나야 한다는 강박과 허영이 그를 옥죄고 있었을 뿐이다.

일상의 게임

미국으로 귀화한 캐나다의 정신의학자 에릭 번^{Eric}
Berne은 우리가 일상적으로 여러 얼굴을 하고 살아간다
는 사실에 착안하여 연구를 진행했고, 이를 바탕으로 집
필한 저서 『심리 게임』을 통해 '교류분석 이론'을 제시
했다. 그는 인간의 성격 구조를 자아, 초자아, 이드로 구
분한 지그문트 프로이트의 삼원구조 이론에 근거하여,
인간의 자아 상태를 어른 자아, 어버이 자아, 어린이 자
아로 구분하여 분석했다. 어른 자아는 책임감 있고 이성
적인 자아로 현재의 자아이다. 어버이 자아는 과거로부
터 내려온 권위를 나타내는 자아이고, 마지막으로 어린
이 자아는 창의적이고 자기중심적인 자아다(대략적인 설
명임을 밝혀 둔다).

구조적으로 보자면, 인간은 성격과 살아온 이력에 따
라 이 세 개의 자아 중 하나의 자아를 두드러지게 드러
낸다. 다만, 인간은 기능적으로 기분, 상황, 습관, 상대에
따라 어른 자아, 어버이 자아, 어린이 자아를 그때그때
바꿀 수 있다. 우리는 사회적 상호작용을 하면서 본모

습이나 순간의 기분을 곧이곧대로 드러내지 않는다. 예를 들어, 우리가 누군가에게 위협을 당한다고 느끼면(어린이 자아) 어른 자아를 드러내 대응한다. 이런 맥락에서 모든 사회적 상호작용은 일종의 역할놀이라 할 수 있다. 우리는 매 순간 자신의 속마음과 어느 정도 일치하거나, 상대방이 드러내는 자아에 어느 정도 어울리는 자아를 내보인다. 겉으로 드러내는 자아가 자신의 속마음과 일치하면서도 타인의 자아와 조화를 이루는 게 가장 이상적인 상태다.

에릭 번은 타인과 소통하며 조화를 이루기도 하고 적대시하기도 하며, 때로 거짓이나 암묵적 표현을 하기도 하는 일련의 행위를 '교류'라 정의했다. 이렇게 사회적 상호작용에서 벌어지는 수많은 교류는 일종의 심리 게임이다. 에릭 번은 심리 게임에서 우리 각자는 자신도 모르게 항상 같은 역할을 맡는다고 지적하며, 이런 심리 게임에 '당신은 왜 나한테 항상 이럴까?' 또는 '이런 일은 왜 나한테만 생길까?' 같은 재미있는 이름을 붙였다.

정신의학자 스티븐 카프먼Stephen Karpman은 에릭 번의 이론을 계승해 심리 게임을 하는 사람은 어떤 게임을 하든지 박해자, 구원자, 희생자라는 세 가지 역할 중 하나를 맡는 '드라마 삼각형 이론'을 제시했다. 예를 들어, 〈오징어 게임〉에서 일남은 기훈의 희생자(어려움에 처한 노인으로 이때 기훈은 구원자이다)이자 구원자(깐부를 위해 자신을 희생한다, 이때 기훈은 박해자이다)였다가, 종국에는 박해자(그가 바로 오징어 게임의 호스트였다! 이때 기훈은 희생자이다)가 된다. 일남은 인간의 선의를 깨닫지 못한 희생자로 생을 마감한다. 일남과의 마지막 게임이 끝나고 기훈은 결국 드라마 삼각형에서 빠져 나오지만, 다음 오징어 게임의 참가자들을 위한 구원자의 역할을 하게 될 것이다 (또는 오징어 게임에 대한 박해자 역할을 할지도 모르겠다. 시즌 2가 나오면 밝혀질 것이다).

2.

규칙을 가지고 노는
게임의 기술

죽거나, 규칙을 어기거나

〈오징어 게임〉에서 참가자들이 유일하게 규칙을 지키지 않을 때는 한밤에 집단 난투극을 벌일 때다. 그들은 한밤중 번쩍이는 섬광 아래 서로가 서로를 공격한다. 이런 참극은 어느 정도 예상되었으며, 프런트맨이 유도한 결과라기보다는 참가자들의 욕심과 날카로움이 빚은 참극이었다. 게임을 시작하기 전에는 무엇이든 가능하다. 그야말로 생존을 위한 투쟁이기 때문이다.

하지만 게임이 진행되면 상황은 달라진다. 게임 밖에서는 어떤 행동도 허용되지만, 게임을 시작하면 참가자들은 일남이 부활시킨 1970년대와 1980년대 유행했던 놀이들의 엄격하고 명확한 규칙을 철저하게 따라야 한다. 이외에도 공동생활에 필요한 규칙들이 참가자들에 의해 암묵적으로 합의된다. 예컨대 폭동을 일으키면 반드시 대가를 치러야 하며, 모든 게임에서 부정행위는 금지다. 그럼에도 불구하고, 게임 내내 부정행위는 끊임없이 발생한다.

• 병기는 가장 심한 부정행위를 저지른다. 그는 장기를 밀

매하는 진행요원들에게 협조하고, 그 대가로 게임에 대한 정보를 미리 입수한다. 한밤중 난투극이 벌어지기 전에도 정보를 사전에 입수하고, 발 빠르게 가장 힘이 센 무리에 합류한다. 그는 진행요원의 구두나 음식에 숨겨 전달되는 사전 정보를 밑천으로 덕수와 거래한다.

• 두 번째 게임, 달고나 뽑기에서 미녀는 소지 금지 물품 라이터로 바늘을 달궈 손쉽게 게임을 통과하고 라이터를 '남친' 덕수에게도 전달한다.

• 준호는 게임에 잠입하려고 29번 진행요원을 살해하여, 유니폼을 빼앗아 입고 진행요원으로 위장한다.

• 프런트맨은 침입자의 존재를 VIP와 호스트에게 알리지 않음으로써 그들을 속이고 사건을 은폐한다. 이는 상관에 충성해야 한다는 암묵적 규칙에 대한 위반이다.

• 다섯 번째 게임, 유리 징검다리 건너기에서 덕수는 앞으로 나아가기를 거부하고 다른 사람들에게 모든 위험을 떠넘기려 한다. 참가자들은 기본 규칙에 따라 게임을 해야 하므로 이는 명백한 부정행위다. 덕수 뒤를 따라가던 322번 민대가 규칙을 지키라며 항의하자 덕수는 뻔뻔하게 이렇게 말한다. "여긴 지옥이야, 지옥에 규칙이 어디 있어?" 이후 미녀가 덕수를 끌어안고 뛰어내리지 않았다면 프런트맨이 그를 제거했을 것이

다. 징검다리 건너기를 이미 시작한 이상 가능한지는 모르겠지만, 덕수는 정해진 순서를 뒤흔들어서 자신의 생존 확률을 높이려 했다. 이것도 작전이라면 작전일까?

• 네 번째 게임이었던 구슬치기를 할 줄 모른다던 알리는 상우를 이기고는 어리둥절해한다. 그러자 상우는 알리를 윽박지른다. "너 속임수 쓰지? 이 새끼, 너 아무것도 모르는 척하면서 나 속인 거지?" 그가 격분하자 진행요원은 상우의 머리에 총을 겨누고 경고한다. 게임 거부는 탈락으로 처리하기 때문이다. 상우는 알리에게 약점을 숨기라고 조언하지만 정작 그는 너무나 순진한 알리의 약점을 이용한다. 그는 흥분을 가라앉히고 알리에게 용서를 구한다. 그리고 같이 이길 수 있는 길이 있다며 알리를 설득한다. 상우는 알리의 구슬 주머니를 튼튼하게 만들어 주겠다며 이렇게 말한다. "내가 가지고 다니기 안전하게 해 줄게." 이는 상우의 속임수였다. 상우는 구슬을 가로채고 알리의 주머니에 자갈을 넣어 놓는다. 모범생 상우는 그렇게 사기꾼이 된다. 상우는 자신을 전적으로 믿었던 알리를 게임을 너머 도덕적으로도 기만한다. 목숨이 경각에 달린 상황에서 더 이상 신뢰도 규칙도 없다. 상우는 알리를 속이지 않았다며 자기합리화를 한다. 구슬치기에서는 폭력을 쓰지만 않는다면 규칙은 참가자들이 얼마든지 자유롭게 정할 수 있기

때문이다.

• 구슬치기에서 기훈은 치매에 걸린 일남과 게임을 하게 된다. "뭐라고 했지? 방금 뭐라고 했냐고." 기훈은 이렇게 정신이 오락가락하는 일남을 속인다. 기훈에게 완전히 속아 구슬한 개를 남기고 모두 잃은 일남은 각자가 가진 구슬을 다 걸고 마지막으로 한 판만 더 하자고 기훈에게 제안한다. 그러자 기훈은 분노해 소리친다. "그런 억지가 어디 있어요? 말이 안 되는 거잖아!" 그러자 일남은 싸늘하게 대답한다. "그럼, 자네가 날 속이고 내 구슬을 가져간 건 말이 되고?" 일남은 기훈이 이기게 해 주고 싶었거나 기훈이 자신을 어디까지 속이는지 보고 싶었을 것이다. 일남은 기훈에게 하나 남은 제 구슬을 건넨다. "가져, 자네 거야. 우리는 깐부잖아." 기훈은 정말로 일남이 아무것도 모른다고 생각했을 것이다. 일남은 자신을 도와준 기훈과의 의리를 지키지만, 호스트라는 사실을 끝까지 숨기고 모두를 기만한다.

• 가장 지독한 속임수를 쓰는 인물은 단연 모든 게임을 다 알고 있는 일남이다. 게임을 은밀하게 기획한 인물이 바로 그였다. 총성 후 이어지는 "1번 탈락"이라는 알림음은 순전히 눈속임에 불과하다. 무궁화 꽃이 피었습니다에서 그가 탈락했다면 거대한 인형 영희는 그에게 총을 쐈을까? 아니면 처음부터

그는 살아남도록 설계되어 있었을까? 일남이 줄다리기에서 졌다면 그 역시 팀원들과 함께 그대로 추락했을까? 어쨌든 그는 사회적 가면을 쓴 채 모든 게임에서 속임수를 쓴다. 심지어 구슬치기에서는 자신의 죽음까지 속인다. 일남은 죽기 직전까지 게임을 한다. 그는 기훈에게 패배한 걸까? 기훈과의 내기에서 지면 기훈의 질문에 대답하겠다는 약속을 지키지 못한 채 일남은 눈을 감는다. 그렇게 그는 삶이라는 게임에서 패배하고 죽음을 맞이한다.

엄격한 프런트맨은 속임수를 절대 용납하지 않는 듯하다. 그는 부정행위를 저지른 병기와 진행요원을 처형하고 그 시신을 모두가 볼 수 있게 천장에 매달아 놓는다. 물론 부정행위는 참가자들 사이에서도 용납되지 않는다. 미녀는 덕수가 부정한 방법으로 병기에게서 정보를 얻고 있다는 사실을 폭로해 참가자들 사이에서 반목을 일으킨다. 그러나 정직하기만 해서는 아무도 이길 수 없다. 그렇게 부정행위는 또 하나의 규칙이 된다.

부정행위를 하는 사람들은 규칙을 위반하지만, 정직한 사람들은 규칙을 위반하는 대신, 신중하게 규칙을 활용하거나 다른 가능성을 모색한다. 〈오징어 게임〉은 게임에서 이기는 두 가지 방식, 즉 규칙을 위반하며 부정행위를 저지르는 방식과 창의적으로 규칙을 이용하는 방식을 매우 흥미롭게 그려 냈다.

속임수? 오히려 좋아

속임수는 분명 나쁘지만, 게임에서라면 이야기가 달라진다. 한 연구팀에서 천여 명의 평범한 대학생을 대상으로 속임수에 관해 어떻게 생각하는지 물었다. 학생들은 세상에서 가장 순진한 얼굴로 누군가를 속이면 부끄럽고 죄책감이 든다고 대답했다. 다음으로 연구팀은 학생들에게 언어 또는 수학 시험을 보게 했다. 연구팀은 일부러 학생들이 속임수를 쓰기 좋은 환경을 만들어 주었다. 이때 속임수를 쓴 학생들은 자신들의 능란한 솜씨에 만족해하며 행위의 부도덕성을 과소평가하는 모습을 보였다. 거짓말과 일상적 비합리성에 관한 연구에 천착해 온 심리학자 댄 애리얼리Dan Ariely 역시 엄청난 결과를 초래하지 않는다면, 제아무리 양심적인 사람이나 유리한 위치를 점한 사람도 쉽게 속임수를 쓸 수 있다고 주장했다. 그럼에도 우리는 자신이 정직하다고 평가할 것이다. 타인에게 명백한 피해를 입히지 않았다면, 나쁜 의도가 아니라 그저 장난일 뿐이었다고 자기합리화를 할 테니 말이다.

☞ 함께 읽을거리

• Nicole E. Ruedy, "The cheater's high: The unexpected affective benefits of unethical behavior", *Journal of Personality and Social Psycholog*y, 2013.

• 댄 애리얼리, 『거짓말하는 착한 사람들』, 이경식 옮김, 청림출판, 2012.

첫 번째 규칙 이용 유형 1 :
나에게 유리한 규칙을 준수하기

◆ 첫 번째 규칙 이용 유형은 문제 해결을 위해 주어진 규칙을 따르는 전략이다. 〈오징어 게임〉에서 규칙에 대한 이해와 요구는 생존에 직결된다. 게임 승리를 위해서는 제때에 알맞게 규칙을 이해하고 타개책을 제시할 수 있는 사고력이 필요하다.

◆ 2화에서 상우는 게임을 중단시키기 위해 '참가자의 과반수가 동의할 경우 게임을 중단할 수 있다'는 기본 규칙 3항을 내세운다.

◆ 구슬치기에서는 폭력을 사용하지만 않는다면 각각의 참가자가 게임의 방식을 자유롭게 결정할 수 있다. 지영은 새벽과 짝을 짓는다. 덕수는 자신의 구슬을 모두 빼앗은 것도 모자라 자신을 모욕한 278번에게 복수하기 위해 게임을 한 번 더 할 수 있게 해 달라고 진행요원에게 요구한다. "게임 바꾸게 해줘, 그래야 공평하잖아. 니들이 여긴 평등한 곳이라며." 진행요원은 덕수의 요청을 승낙한다. 덕수가 정한 규칙으로 진행한 게임에서 278번의 실책으로 덕수는 극적인 역전승을 거둔다.

◆ 준호는 오징어 게임에 잠입하고 얼마 지나지 않아 진행요원들 역시 매우 단순한 규칙을 따르고 있다는 사실을 발견한다. 반드시 가면을 쓰고 작업하며, 상호 대화는 금지, 외출은 허

가를 받아야 한다. 잠입 수사로 비밀을 파헤치려는 준호 역시
규칙을 지켜야만 한다. 4화에서 준호는 네모가 그려진 상급자
진행요원 가면을 쓰고 준호를 의심하는 세모 가면 진행요원의
질문을 피해간다. 진행요원들끼리는 허락 없이 상급자에게 말
을 걸 수 없기 때문이다.

　일정한 법칙에 따라 화음을 배열하는 작곡가, 운율의 제약
을 따르는 시인, 공식을 만들어 명제를 증명하는 수학자처럼
기존의 법칙을 지키면서도 창의성을 발휘할 수 있다.

　문제 해결 방식에 관한 연구는 인지심리학에서 오래전부터 관심을 가져 온 분야 중 하나다. 대표적으로 하노이 탑 게임을 들 수 있다. 이 게임은 세 개의 기둥 중, 어느 기둥에든 넣었다 뺄 수 있는 서로 다른 크기의 원반을 옮기는 게임으로, 처음에는 모든 원반이 왼쪽 기둥에 크기순으로 쌓여 있다. 규칙에 따라 한 막대 기둥에 꽂혀 있는 원반들을 처음 모양 그대로 다른 기둥에 옮기면 완성이다. 원반은 한 번에 하나씩 다른 기둥으로 옮길 수 있으며, 작은 원반 위에 큰 원반을 올릴 수는 없다. 원반을 옮길 수 있는 횟수도 제한되어 있다. 그러면 최선의 해결책은 무엇일까? 선교사와 식인종의 수수께끼도 널리 알려진 테스트이다. 세 명의 선교사는 식인종일지도 모를 세 명의 가이드와 이인용 카누를 타고 강을 건너야 한다. 카누를 타고 내릴 때 강변에 있는 선교사들의 숫자가 가이드보다 더 적어서는 안 된다고 한다면 어떤 방식으로 카누를 왕복해야 할까? 이러한 수학적 문제들을 풀려면 시도, 시행착오, 자체 수정을 거쳐 가능한 한 가장 적절하고 효과적인 해결책을 찾아야 하므로 적응력과 논리력이 필요하다.

두 번째 규칙 이용 유형 2 :
속임수를 쓰지 않고 규칙을 창의적으로 해석하기

미국 육상선수 딕 포스베리Dick Fosbury는 1968년 올림 픽 경기에서 전 세계를 놀라게 했다. 그는 완전히 새로운 방식 을 도입해 높이뛰기 종목에서 공전의 기록을 세웠다. 기존 방 식에서 탈피하여 장대를 향해 대각선으로 달려들다가 배를 하 늘로 향하면서 장대를 뛰어넘는 기술을 최초로 고안했고, 이 후 이 기술은 그의 이름을 따 '포스베리 플롭(배면뛰기)'이라 명 명되었다. 어떤 규정도 위반하지 않았던 그의 기술은 부정행 위가 아니라 혁신이었다. 두 번째 규칙 이용 유형을 잘 보여 주 는 사례이다. 그가 다른 선수들처럼 기존의 가위뛰기 방식을 고수하면서 최적의 방법을 찾으려 했다면, 그는 첫 번째 규칙 이용 유형에서 벗어나지 못했을 것이다.

◆두 번째 규칙 이용 유형의 창의성은 〈오징어 게임〉에서 심 심치 않게 발견된다. 예컨대 보는 이를 압도하는 무궁화 꽃이 피었습니다 게임을 할 때 새벽은 덕수 뒤에 서서 그를 방패로 이용한다. 경쟁자를 이용하는 전략이다. '생존하려면 누군가 를 방패로 삼아야 한다'는 규칙을 세우고 경쟁자 덕수를 방패 막이로 이용하는 전략이었다. 전쟁터에서의 규칙을 상황에 맞 게 적용한 셈이다(전쟁터에서 생존하려면 방패가 있어야 하지 않는가).

기훈은 달고나 뽑기 게임에서 우산 모양을 쉽게 떼어 내려고 달고나 뒷면을 혀로 핥아 설탕을 녹이는 기발한 아이디어를 생각해 낸다. 다른 참가자들도 이 방법을 따라하며 살아남는다. 이것은 분명 부정행위가 아니다. 달고나에 찍힌 모양을 꼭 바늘로만 떼어 내야 한다는 규칙은 어디에도 명시되어 있지 않았으니 말이다(금지된 물품인 라이터 사용은 부정행위라 할 수 있다).

• 유리 징검다리 건너기 규칙은 막판에 뒤집힌다. 아니 더 정확히 말하면 막판에 상황이 복잡하게 꼬여 버린다. 게임 장소가 한순간 암전되면서 유리공 출신 17번이 일반 유리와 강화유리를 구분하지 못하게 된다. 그때부터 참가자들은 유리 위에 무언가를 던져 부딪히는 소리로 유리를 구분한다. 17번이 유리를 제조하면서 사용했던 방법을 게임에 적용한 것이다. 두 번째 규칙 이용 유형의 훌륭한 예라고 할 수 있다.

앞서 소개한 두 규칙 이용 유형이 완전히 다르다고 볼 수 없다. 오히려 상호 보완적이다. 말하자면, 첫째 유형이 기본적인 문제 해결 방식이라면 둘째 유형은 다소 변칙적인 문제 해결 방식이다. 줄다리기에서는 힘이 강한 쪽이 훨씬 유리하다. 이때 일남은 어린 시절의 기억을 떠올리며, 아니 오징어 게임을 기획했던 경험을 살려 힘센 상대를 이길 수 있는 줄다리기 비법을 팀원들에게 전달한다. 게임이 시작되자마자 모든 팀원이 최대한 몸을 뒤로 젖히고 10초를 버팀으로써 상대편의 리듬을 흐트러뜨린다(이미 정해진 규칙을 양심적으로, 적시에 적용한 첫 번째 유형이다. 그러나 상대편은 그것을 눈치채지 못한다). 일남의 전략으로 팀은 잠시 우위를 점하지만 압도적인 힘의 차이로 다시 승기를 빼앗긴다. 그 순간 상우가 기지를 발휘한다. 상우는 팀원들에게 갑자기 앞으로 세 발자국을 움직여 상대편을 넘어뜨리는 작전을 제안한다. 묵시적이든 명시적이든 그런 규칙은 어디에도 없다. 또 그런 방식을 사용하지 말라는 규칙도 딱히 없다. 상대편은 예상치 못한 상우의 전략에 어김없이 말려들고 만다. 그렇게 상우가 속한 팀은 상대의 허를 찌르며 승리를 거머쥐고 팀원 전원이 생존한다(이는 두 번째 규칙 이용 유형에 해당한다. 어쨌든 줄을 잡아당기기만 해야 한다는 규칙은 없다. 상우는 줄을 계속 뒤로 당기는 것보다 갑자기 앞으로 나아가는 것이 상대의 전열을 흐트러뜨리는 데 더 유리하다고 판단했다).

창의적 사고하기

'아홉 개 점 잇기 문제'는 정사각형에 배열된 아홉 개의 점을 단 네 개의 선으로 연결하는 게임으로, 두 번째 규칙 이용 유형에 해당하는 수평적 사고를 평가할 수 있는 게임이다. 이 게임에는 특별한 조건이 있다. 네 개의 선으로 점들을 연결하되 중간에 끊기지 않고 계속 이어서 연결해야 한다. 이때 사람들은 자연스럽게 정사각형 바깥으로는 선을 그을 수 없다고 단정하지만, 정사각형 밖으로 선분을 그리지 않는다면 이 문제를 해결할 방법은 없다. 여기서 유래하여 '상자 바깥을 생각하라Thinking Outside the box'는 영어의 관용적 표현이 생겨났다. 달고나 뽑기 게임에서 우산 모양을 떼어 내기 위해 오직 바늘만 사용해야 한다는 지키지 않아도 되는 암묵적 규칙을 거부한 기훈은 상자 바깥의 해결책을 떠올려 목숨을 부지한다. 두 번째 규칙 이용 유형은 부정행위를 허지 않으면서도 '상자 바깥으로 나가서는 안 된다'와 같은 암묵적 규칙의 틀을 깨고 마음껏 창의성을 발휘하는 문제 해결 방식이다. ▽

▽

Luc de Brabandère, *Pensée magique, pensée logique*, Le Pommier, 2017.

3.

악몽이 된
어린 시절의 놀이

'안티' 피터 팬

무궁화 꽃이 피었습니다 게임 장면은 왜 그렇게 강렬한 인상을 남길까? 아마도 어린 시절의 향수와 어른이 되어 맞닥뜨린 생존의 위협이 충돌하기 때문일 것이다. 이 장면을 두고 어른들은 지나치게 단세포적이고 야만적이며 우스꽝스럽다고 생각하는 반면, 아이들은 충격 받거나 열광한다. 언뜻 보면 전혀 새로울 것이 없다. 킬러 광대가 등장하는 영화는 수없이 많고 아이들을 잡아먹는 무시무시한 이빨의 친절한 할머니가 등장하는 동화도 질리도록 듣지 않았는가?

대중문화 속에 등장하는 어린 시절의 즐거움이나 천진함은 종종 죽음과 잔혹함으로 변질되어 조롱당한다. 〈오징어 게임〉에서 어린 시절의 놀이는 알록달록 화려하고 정교한 세트에서 이루어진다. 그 이질성 때문에 잔혹한 게임은 더욱더 끔찍한 악몽처럼 느껴진다. 무궁화 꽃이 피었습니다는 누구나 한 번쯤 해 봤을 법한 어린 시절의 평범한 놀이다. 다만 어린 시절 놀이에서 '죽음'이 게임 종료의 은유적 표현이라면, 〈오징어 게임〉에서 '죽음'은 실제적 의미를 지닌다. 자신들이 다 컸다고 생각하며 부모들의 걱정을 무시하는 아이들은 〈오징어 게임〉의 설정과 연출에 열광한다. 아이들은 드라마에 등장하는 칠칠치 못한 어른들이 게임에서 어떤 치명적인 위험에 놓이는지 흥미롭게 바라본다. 어린 시절 운동장에서 놀이를 할 때는 "네가 졌어, 넌 죽었다!"라고 말한다. "땡! 넌 죽었어!"라는 말을 들으면 숨을 조금 헐떡거리며 몇 초간 죽은 척을 하다 다시 게임을 시작한다. 그렇지만 〈오징어 게임〉에서는 정말로 죽는다. 그것이 어른의 게임이다. 어른들에게 딱 맞게 설계된 무궁화 꽃이 피었습니다 게임에서 참가자들을 죽이는 것이 거대한 소녀상이라는 점은 무척 흥미로운 동시에 시사하는 바가 크다.

456명의 참가자들은 게임 규칙이 적힌 동의서에 서명을 하고, 모든 사실을 다 알고 나서도 민주적인 결정을 거쳐(첫 번째 게임 이후 참가자들은 투표로 게임의 속행 여부를 결정한다) 어린 시절의 게임을 계속한다. 그곳에서는 심지어 진행요원들도 어린아이처럼 취급된다. 매일 밤 진행요원 숙소에서는 소등하기 전 스피커를 타고 안내 음성이 흘러나온다. "잠자리에 들 시간입니다. 오늘도 수고하셨습니다." 〈오징어 게임〉은 피터 팬과 정확히 대척점에 있다. 〈오징어 게임〉에 등장하는 게임들은 어른들을 어린 시절로 데려오려고 치밀하게 계획된 장치이지만 어른들은 어린아이가 되지 못한다. 아무리 게임에 몰입하더라도 어린 시절의 감정과 순수함을 되찾기는 어렵다. 그들은 어른의 게임으로 만들지도 못하고, 아이들처럼 순수하게 놀지도 못한다. 한때 아이였던 또 다른 자신을 죽여 버렸기 때문이다. 간직하고 있어 봤자 성가셨던 그 존재를 말이다.

그들 내면에 있던 무언가가 돌이킬 수 없을 정도로 망가졌을지라도, 마지막 화에서 기훈은 딸을 생각하며 책임감 있는 어른으로 거듭나고자 어려움을 딛고 다시 일어난다. 어린 시절은 절대로 되살아나지 않는다. 더구나 유감스럽게도 어린 시절의 끝에는 불행이 기다리고 있다. 어린 시절이 끝나면 포식자와 빚이라는 덫이 즐비한 정글 같은 사회 속에 내던져지기 때문이다.

일남의 옛 시절을 찾아서

얼핏 영화 〈찰리와 초콜릿 공장〉을 떠올리는 키치적인 형광색 배경을 뒤로하고 펼쳐지는 잔혹하고 비인간적인 오징어 게임에서 그 모든 것을 기획한 일남은 사악하게 참가자들 틈에 은밀하게 섞여 악동처럼 게임을 즐긴다. 그리고 자신의 어린 시절로 되돌아가려 애쓴다.

악화되는 치매 증상으로 기훈과 구슬치기를 제대로 하지 못하는 장면에 등장하는 옛 동네의 골목과 집들은 일남이 자신의 기억을 되살려 재현해 놓은 것임에 틀림없다. 일남은 과시욕을 드러내듯 자신이 살던 옛 동네를 오징어 게임 안에 고스란히 구현한다. 그러나 세트장은 그저 배경일 뿐, 그곳에는 소년도, 순수함도, 앞으로 살아갈 미래도 없다. 일남은 구슬치기를 하자는 기훈의 부탁을 거절하면서 갑자기 소리친다. "싫어! 내가 뭐, 애들인 줄 알아?" 기훈은 뇌종양과 치매로 정신이 오락가락하는 일남을 어린애처럼 대하고, 게임에 집착하는 일남은 치매에 걸린 노인처럼 보이려고 애쓴다.

기훈과 새벽은 상금을 따내 바깥세상에 두고 온 아이를 돌보기 위해 게임에 참가하지만, 정작 아이들은 이 게임에 등장하지 않는다. 일남은 어린 시절의 게임을 바탕으로 오징어 게임을 기획하고, 관객으로서 게임을 지켜보며 혼자만의 망상에 빠진다. 오징어 게임을 하면서 그는 자신이 잊어버렸던 즐거움을 어떻게든 되찾으려 하고 때때로 약간은 맛보기도 하지만, 그 모두는 타인이 희생될 때에만 가능하다. 참가자 집단이 지옥에 있을 때 비로소 일남은 자신이 잃어버린 천국을 경험한다. 홀로 천진난만한 일남의 모습은 본래의 순수함이 아니라 무덤에서 튀어나와 길에서 마주치는 가련한 사람들을 잡아먹는 좀비 같은 모습으로 드러난다. 결국 일남은 여전히 순수하게 인간성을 신뢰하는 기훈에게만 관심을 보이면서, 외롭고 인정머리 없는 노인으로 생을 마감한다.

2화에서 참가자들은 게임의 중단 여부를 투표에 부치고, 캐스팅보트를 쥔 일남의 한 표로 게임은 중단된다. 일남이 게임 중단에 투표한 이유는 인생에서 쓴맛을 본 참가자들이 결국에는 게임에 다시 참가하리라 예측했기 때문이다. 그는 그런 과정이 게임의 재미를 가중시키는 것을 알고 있었다. 게임의 잔혹함은 예견된 것이었다. 그는 인간의 운명을 음울하고 날카롭게 바라보면서 자신의 권태와 무기력을 달랜다. 그는 동시대 사람들이 자신처럼 이기적이고 비열하며 파렴치하다는 것을 알기 전인 어린 시절의 그때처럼 놀기 위해 자신만의 게임을 기획했다.

〈오징어 게임〉이 일남을 통해 잃어버린 천국에 대한 향수를 보여준다 해도, 일부 등장인물들에게 잃어버린 유년기는 악몽일 뿐이다. 북한에서 자란 새벽은 고향을 어떻게 생각할까? 고국 파키스탄을 떠나온 알리는? 최상위 명문대에 들어가기 위해 미친 듯이 공부만 했던 상우는? 아버지에게 성폭행 당한 지영은? 그리고 덕수와 그 패거리들은 어떤 어린 시절을 보냈길래 그 지경이 되었을까?

그다지 순수하지 않은 아이들의 놀이

어른들은 대개 아이들이 무궁화 꽃이 피었습니다 같은 놀이나 하면서 즐거워한다고 생각한다. 그러나 실상은 그렇지 않다. 초등학교 운동장에서 아이들이 하는 몇몇 게임은 아주 위험천만하다. 그런 게임들은 의무교육과 함께 등장했을까? 아니면 그보다 훨씬 전부터 있었을까? 이미 30여 년 전에도 아이들의 위험한 게임을 향한 우려의 시선이 있었다. 최소 70퍼센트의 초등학교 아이들이 질식 게임을 접한다. 뇌로 가는 산소를 차단해 환각과 유사한 기분을 느끼는 게임으로 질식할 때까지 숨을 참는 방식으로 이루어진다.▽ 아이들에게 보편화된 괴롭힘(2021년 프랑스의 한 중학교에서 소셜 네트워크를 이용해 신입생을 괴롭히자고 모의하는 사건이 있었다)이나 서든데스 게임의 형태를 띤 괴롭힘(특정 색상의 옷을 입은 학생을 표적으로 삼아 괴롭힌다)은 상대에게 한층 더 심한 모욕감을 주기 때문에 아이들은 훨씬 더 강렬한 쾌감을 느낀다.▽▽

이런 '게임'들은 어떤 면에서 〈오징어 게임〉보다 훨씬 더 불공정하다. 처음부터 승자와 패자가 정해져 있으며, 후자는 최소한의 규칙도, 합의도 없이 패배가 뻔한 게임에 걸려든다. 오래전부터 아이들 사이에 그런 괴롭힘이 있었다고, 그런 장난은 다 한때이고, 철없는 시기에는 그럴 수도 있다며 두둔하는

▽

Hélène Romano, *L'Enfant et les jeux dangereux*, Dunod, 2012.

▽▽

Emmanuelle Piquet, *Te laisse pas faire! Aider son enfant face au harcèlement à l'école*, Payot, 2014.

사람도 있다. 그렇다면 의대나 소방서 같은 의외의 집단에서 신입생 환영회를 빙자한 집단 괴롭힘이 이루어지는 현실은 어떻게 바라봐야 할까?

패자가 총살을 당하는 무궁화 꽃이 피었습니다와 같이 운동장에서 하던 어린 시절의 게임에서 영감을 받아 재연된 〈오징어 게임〉의 잔혹한 게임들은 분명 우려할 만하다. 다만 〈오징어 게임〉이 새롭게 창조한 것은 아무것도 없다. 그저 아이들의 일상적 폭력에서 영감을 받아 구현했을 따름이다. 내 아이는 교육을 잘 받아서 나무랄 데 없는 천사와 같다고 생각하는 부모들의 눈 밖에서 이루어지는 아이들의 폭력 말이다. 본래 우리의 사랑스러운 아이들은 특히 힘센 무리에 속한 소속감을 느끼면 자신이 표적이 될 수 있음을 망각하고 폭력에 둔감해진다. 어느 집단에나 따돌림이 존재하며 위험한 게임도 뒤따른다. 다른 아이들보다 자신의 감정을 정확히 표현하지 못하는 아이들만 표적이 된다는 법도 없다.

초등학교나 중학교에서 〈오징어 게임〉이 그토록 선풍적인 인기를 끈다는 사실은 우리의 마음을 불편하게 한다. 아이들이 모방하는 등장인물들의 모습은 유감스럽게도 실제 어른의 모습과 다르지 않다. 그런 맥락에서 〈오징어 게임〉은 오늘날의 경쟁 사회를 반영하는 확대경이자 우리의 일그러진 자화상이다. 요즘 아이들은 게임이 야기하는 문제를 과소평가하는 어른들 앞에서 어리석고 위험한 그들만의 게임을 즐긴다. 그것이 책임 있는 어른들 틈에서 사회의 야만성을 미리 경험해 보는 일로 기능할지도 모르겠다. 실시간 뉴스 채널에서 홍수처럼 쏟아지는 실질적·상징적 폭력, 또는 일부 기업이나 정치계에 만연해 있는 폭력이 〈오징어 게임〉의 폭력보다 더 낫다고 할 수 있을까? 세상은 잔혹하다. 그것이 법칙이다. 아이들도 그 사실을 알고 있다. 아이들은 바꿀 수 없는 세상의 법칙을 이미 현실로 받아들였다. 그리고 아이들에게 그런 세상을 보여준 건 바로 우리 어른들이다.

리보의 법칙

....

　화제가 되었던 구슬치기 장면에서 치매에 걸린 일남은 자신의 이름이 무엇인지, 거기서 무엇을 해야 하는지 잊어버린다. 반대로 그는 자신이 살던 옛집과 아마도 70년 전에 해 봤을 구슬치기 규칙을 기억한다. 연기였을까? 아니면 진짜 치매 증상이었을까? 알 수 없다. 어쨌든 이렇게 기억이 오락가락하는 현상은 매우 흔하다.

　프랑스 심리학의 선구자 중 하나로 꼽히는 테오뒬 리보Théodule Ribot는 1881년, 이 주제에 관한 프랑스 최초의 저서 『기억의 질병Les Maladies de la mémoire』을 발표하며 대다수의 노인 환자들이 최근의 기억들보다 오래된 기억, 심지어 어린 시절의 기억을 훨씬 더 쉽게 떠올린다고 주장했다. 여러 번 떠올려서 공고해지고 재해석된 오래된 기억들은 쉽게 떠올리는 반면, 최근에 있었던 일들은 잘 떠올리지 못하는 현상을 '리보의 법칙'이라 한다. 이러한 기억의 대비 현상은 알츠하이머를 앓고 있는 환자들에게서 종종 관찰된다. 그들은 새로운 정보를 기억하는 데 큰 어려움을 겪는다. 손녀의 이름과 같이 새로 생긴 가족들에 대한 정보는 쉽게 잊어버리면서도 오래된 몇 가지 정보들은 또렷하게 기억한다.

과거에 대한 향수

불행한 노인 일남은 자신에게서 이미 사라져 버린 어린 시절의 즐거움을 되찾고 싶어 한다. 기억을 되살려 옛날에 살던 집과 동네의 골목을 오징어 게임 안에 재현하고 거기에서 구슬치기를 한다. 지나간 과거에 집착하는 태도는 현재의 삶이 허무하고 무기력하다는 반증이다. 그럴 때 우리는 실제 추억을 감추고, 미화하고, 지어내고, 왜곡하고, 수정하면서 과거를 내가 보고 싶어 하는 동화로 만들어 낸다. 지나간 어린 시절은 세상으로부터 도피해 아무런 걱정도 없던 때로 돌아가고 싶을 때 찾는 비상구와 같다. 그렇지만 우리가 너무 빨리 잊었을 뿐, 그 시절로 돌아간다 해도 우리는 또 다른 걱정들에 직면할 것이다. 우리가 그 시절에 했던 걱정들 말이다. 물론 이제 어른이니 좀 더 쉽게 헤쳐 나갈 수는 있겠지만, 그 시절의 걱정들도 현재 우리가 하고 있는 걱정들만큼이나 가혹하고 불공정하지 않았던가.

과거를 가장 미화하는 시기는 대개 50대 무렵이라고 한다. 그 나이대에 이르러 흘러간 옛 시절을 버릇처럼 소환하는 현상을 심리학에서는 '회상의 정점'이라 부른다. 옛 시절이 꼭 어린 시절에 국한되지는 않는다. 나름의 방식으로 세상을 배우는 15세부터 30세까지의 청년기를 가장 아름다웠던 시절로 기억한다. 삶에 여전히 무궁무진한 가능성이 있다고 온몸으로 느끼던 그 시절 말이다. 이제 나를 위한 시기가 왔다고 생각하던 그때, 여전히 뭐든 다 할 수 있다고 믿었던 그때.

우리는 살아가면서 가장 충만한 감정을 느꼈던 첫 순간을 소중하게 간직한다. 진심을 다한 첫사랑, 첫 섹스, 처음으로 친구들과 수다를 떨며 보낸 저녁 시간, 처음으로 느낀 진지한 우정의 감정, 첫 학위, 첫 직장, 처음으로 혼자 보낸 휴가와 같은 순간들 말이다. 이런 순간들이 바로, 사라진 세월의 흐릿한 안개 속에서 저 멀리 부유하는 '회상의 정점'이다. 나이가 들면서 우리는 어린 시절보다 이런 순간들을 훨씬 더 좋았던 시절이라고 추억한다.

만약 일남이 그렇게 죽지 않았다면 참가자들이 처음으로 만취했을 때나 처음으로 자동차 여행을 했던 때를 떠오르게 하는 게임을 새롭게 기획했을지도 모를 일이다. 오징어 게임은 전혀 다른 추억을 떠오르게 했지만!

☞ 함께 읽을거리

Cyrielle Bedu · Agathe Le Tallandier · Paloma Soria Brown · Maud Ventura, *Émotions: Les explorer, les comprendre*, Les Arènes, 2019.

피터팬증후군

심리학에서는 일남을 심리학적으로 어떻게 진단할까? 피터 팬은 영원히 어른이 되기를 거부하며 잃어버린 동심의 세계, 상상의 공간 네버랜드로 도망친 소년이다. 정신의학자 댄 카일리Dan Kiley는 1983년, 자신도 모르게 어린이처럼 행동하기를 고집하는 어른들을 관찰하고 베스트셀러의 제목에서 명칭을 따 '피터팬증후군'이라는 용어를 제시했다. 어리숙한 바보도, 단순히 젊어 보이려고 화려한 장식이 달린 핑크색 원피스를 입는 할머니도 아닌 이 미성숙한 어른들은 책임을 지지 않아도 되고 마음대로 변덕을 부려도 괜찮은 어린 시절에서 벗어나기를 거부한다.

정신의학계에서는 증후군으로 진단할 수 있는 경계가 모호하고 시대착오적이라는 이유(이 증상이 남성에게만 나타나는 증상이라고 보기 때문이다)로 피터팬증후군을 정신질환으로 인정하지 않는다. 그럼에도 불구하고 피터팬증후군은 마이클 잭슨처럼 이해하기 어려운 인물을 파악하는 데 큰 도움이 된다. 마이클 잭슨은 자택에 놀이

127

공원을 짓는 데 막대한 재산을 쏟아부었고, 세계적 스타로 사느라 빼앗긴 자신의 어린 시절을 보상받으려 했다. 그는 자신이 돌아가고 싶어 한 연배의 소년 소녀들과 그곳에서 시간을 보내곤 했다.

그렇다면 일남은 어떤 사람일까? 허약한 아이인 척하며 어른이 되기를 거부하는 걸까? 그렇다고 하기에는 그의 나이가 너무 많다. 아니면 잃어버린 시절을 되찾아 다시 아이가 되고 싶은 걸까? 그가 어린 시절에 막연한 향수를 갖고 있기는 하지만 꼭 소년 시절만을 그리워하는 것은 아니다(그는 어린 시절보다 아들에 대한 이야기를 더 많이 한다).

영화 〈시민 케인〉에서 오슨 웰스가 연기한 찰스 포스터 케인은 "로즈버드!"라는 뜻 모를 말을 남긴 채 사망한다. 로즈버드는 다름 아닌 케인이 어린 시절 즐겨 타던 썰매의 이름이었다. 일남 역시 자신의 감정을, 무엇보다 과거의 즐거움을 되찾고 싶어 한다. 그가 무거운 책임감에 짓눌린 구부정한 어깨의 어른들을 위한 게임을 기획한 배경이다. 이유가 무엇이든 그것은 비열하게 변형된 어린 시절의 헛된 망상에 불과하다. 그는 게임을 통해 자신의 과거를 되살렸다 믿고 싶겠지만 자신의 추

악한 모습만 끊임없이 되살아날 뿐이다. 일남이 피터팬 증후군이다? 그렇지 않다. 그는 그저 끝내 사람이 되지 못한 피노키오다. 혼자서는 움직일 수 없는 망가진 목각 인형, 타인을 희생시켜야만 살과 피의 감각을 되찾는 그런 인형 말이다.

☞ 함께 읽을거리

Dan Kiley, *The Peter Pan Syndrome*, Dodd Mead, 1983.

#4

참가자, 진행요원, VIP의 집단역학

"소외된 약자를 버리지 않는 게
옛날 애들이 놀이할 때 지키던 아름다운 규칙이라나?
졸라 멋있지 않냐?"
_7화, 미녀의 대사

1.

위계 조직

VS 집단

첫 번째 집단: 오징어 게임의 주최 측, 위계 조직

단순히 이론적으로만 봤을 때, 〈오징어 게임〉에서는 두 개의 거대한 집단, 즉 456명(경찰 준호는 제외하고)의 선량한 참가들과 그 숫자를 알 수 없는 가면을 쓴 정체불명의 악인들이 대립한다. 다른 나라에서 열리는 오징어 게임에서도 이 숫자는 동일할 것이라 추측된다. 우리는 앞서 〈오징어 게임〉에 흑백논리를 적용하기에는 무리가 있다는 사실을 여러 차례 확인했다. 각자의 개성, 도덕성, 임무, 조직 또는 여러 사정으로 등장인물을 단순하게 선과 악으로 분류하기가 매우 어렵다.

진행요원

진행요원은 오징어 게임 주최 측 가운데 가장 수가 많은 집단으로, 관리자, 병정, 시신 소각이나 핏자국 청소 같은 잡일을 하는 일꾼이 포함된다. 5화에서 진행요원은 의사 병기에게 이렇게 말한다. "참가자가 사라지면 문제가 되지만, 병정 하나 사라진 건 아무 문제도 안 돼." 진행요원의 숫자는 그다지 중요하지 않다. 그들이 왜 오징어 게임에서 일하는지 우리는 알지 못한다. 단지 돈 때문에 그런 일을 하는 걸까? 오징어 게임에 설득되거나 세뇌당했을까? 아니면 마약에 중독? 몇몇 진행요원은 악행을 저지른다. 장기 밀매에 가담하는 진행요원들은 자신들의 비즈니스를 위해 은밀하게 결탁한다. 반면 다른 진행요원들은 보다 융통성 있는 모습을 보여주기도 하는데, 대체로 규칙을 준수하면서 공정하게 게임을 진행한다. 가령 구슬치기를 하던 중 덕수가 공정을 내세우며 새로운 규칙으로 게임을 재개할 것을 요구하자 진행요원이 이를 허락한다.

프런트맨

진행요원 위에는 엄격한 도덕성을 내세우며 강박 증상을 보이는 프런트맨 황인호가 있다. 그는 얼굴을 드러내거나 참가자의 부정행위에 가담한 진행요원을 처형하는 심판관 역할을 한다. 그는 병기를 위협하는 장기 밀매 진행요원을 처형하지만 병기는 직접 처형하지 않는다. 잠시 후 다른 진행요원이 병기를 처형한다. 프런트맨은 자신의 부하만 직접 처벌할 뿐, 참가자를 처벌하는 것은 병정의 일이다. 프런트맨은 오징어 게임에 잠입한 동생 준호를 마지막 대립 순간까지 살리고자 애쓴다. 결국에는 동생이 아닌 오징어 게임을 선택하지만 말이다. 프런트맨은 오징어 게임의 참가자였다가 게임의 주최 측이 될 만큼, 기적을 경험하고 종교에 빠져든 광신도와 같은 모습을 보인다. 오징어 게임에 대한 그의 과도한 집착은 기회주의적인 협력이라기보다는 생존 본능이 신념으로 변해 납치범을 이해하고 동조하는 일원이 되는 스톡홀름증후군에서 기인한 것으로 보인다(65쪽 참조).

호스트

가장 드러나지 인물은 바로 호스트이다. 그도 그럴 것이, 은밀하게 게임에 참가하기 때문이다. 일견 그는 목숨을 담보로 하는 잔혹한 오징어 게임의 유일한 우두머리처럼 보이지만, 사실 그 역시 VIP 집단에 속해 있는 하나의 구성원으로서 다른 VIP들을 만족시키고 자신이 그 집단에 어울리는 사람이라는 자격을 증명해야 한다. 만약 다른 나라에서 게임이 열린다면, 그 역시 다른 VIP들과 함께 게임을 평가하며 즐길 것이다. 그는 다른 나라에서 열리는 게임에도 위장해 참여할까? 그건 아닐 듯하다. 몇몇 진행요원에게 얼굴을 드러내기는 했지만 그가 자신과 다른 집단, 또는 자신과 같은 VIP들이 보는 앞에서 위험을 감수할 가능성은 희박하다. 무엇보다 그가 이번 게임에 참여한 배경에는 시한부라는 조건이 작용했다. 차라리

그냥 침대에 누워서 편안히 쉬었으면 더 좋았을 텐데.

VIP

오징어 게임에서 폭동이 일어날 경우, VIP를 위한 비상 탈출구가 마련되어 있다는 사실은 몇몇 진행요원들만 알고 있다. VIP들이 모두 탈출하면 게임장을 폭발시킬 폭탄도 준비되어 있다. "VIP는 대체 어떤 사람들이야?"라는 준호의 질문에 한 진행요원은 이렇게 답한다. "그게 우리랑 무슨 상관이야." 자신들이 가진 부로 제멋대로 쾌락을 탐닉하는 퇴폐적인 VIP 집단은 도덕성을 잃지 않고 착실하게 일하는 평범한 사람과 다르다. 그들은 의무에서 자유로운 특권층으로, 피라미드 구조의 오징어 게임 주최 측 위계질서상 최상위에 위치한다. 다섯 번째 게임인 유리 징검다리 건너기를 시작하기 전, 다리를 건널 순서를 뽑는 참가자들을 보며 VIP들은 뜬금없이 참가자들이 중간 번호를 선호하는 심리를 분석하려 든다. 그들은 두려울 때 무리 가운데로 숨는 동물의 본성이라고 추측한다. 이로 미루어 볼 때, VIP들은 참가자들이 자신들과는 다른 부류라고 여긴다. VIP가 손에 피 한 방울 묻히지 않는 도살업자라면, 참가자들은 도축장으로 끌려가는 가축이다.

VIP들의 부하 프런트맨은 차례가 오면 게임을 기획하고, 각

호스트는 다른 호스트들에게 깊은 인상을 남기고 싶어 한다. 훌륭한 식당 주인이 지역 특산품을 선보이며 손님들을 맞는 것처럼, 각 나라의 호스트는 자국의 문화를 선보일 게임을 기획할 것이다. 오징어 게임이 전형적인 한국의 문화를 반영했듯이 말이다.

두 번째 집단: 참가자 집단
456명의 참가자들

피라미드 구조의 위계질서 아래 각자의 역할이 분명하게 정해져 철저하게 역할이 분담된 오징어 게임 주최 측과 달리, 참가자들은 게임에 따라 이합집산을 거듭하며 끊임없이 연합하고 배신한다. 처음에는 우연히 가까워진다. 324번과 250번은 어쩌다 보니 가까워졌고, 기훈과 상우, 새벽과 덕수는 각자의 인생을 살다 오징어 게임을 통해 오랜만에 재회한다. 배려심이 많은 기훈은 게임에서 이길 가망이 없어 보이는 일남과 가까워진다. 알리는 순수한 마음으로 첫 번째 게임에서 곤경에 처한 기훈을 돕는다. 상우는 바깥세상에서 알리에게 버스비 만 원을 건네며 아무런 계산 없이 알리를 도와준다. 여기저기 흩어져 있던 참가자들은 식사를 하거나, 줄다리기 같은 게임을 하면서 자연스레 무리를 형성한다. 참가자들은 크게 두 무리로 나뉜다. 하나는 시청자가 감정이입을 하는 기훈의 무리이고, 다른 하나는 주인공을 돋보이게 해 주는 덕수의 무리이다. 두 무리는 완벽한 위계질서에 따라 움직이는 주최 측과 달리 무척 혼란스럽다. 각자의 역할은 있지만 고정되지 않는다. 5화에서 미녀가 지적했듯, 오징어 게임에서는 두 집단이 경쟁한다. 바로 평등 사회(456명의 참가자들, 기훈의 무리)와 독재 사회(오징어 게임 주최 측, 덕수의 무리)이다.

기훈의 무리

3화에서 기훈, 상우, 알리는 함께 훈련하고 사격 연습을 하는 군대 선임과 후임 같은 모습을 보인다. 알리도 마침내 무리에 편입된다. 또 평범한 노인으로 위장한 일남은 오징어 게임 내 최연장자, 최고참 상사라 할 수 있다. 그러나 그저 상징일 뿐이다. 기훈의 무리는 딱히 누구도 리더를 점하지 않고 평등을 지향한다. 기훈은 좋은 학교를 나오고 전문직을 가졌던 상우가 얼마나 똑똑한 사람인지 사람들한테 이야기하며 그를 추켜세운다. 기훈은 달고나 뽑기 게임에서 달고나에 찍힌 모양을 떼어 내는 기발한 방법을 생각해 일남의 칭찬을 받으며 자신감을 얻는다. 5화 후반부에서 상우는 줄다리기 게임을 하던 중 앞으로 세 걸음을 나아가 상대 팀의 대열을 흐트러뜨리는 아이디어를 떠올리고 팀을 승리로 이끌면서 명예를 회복한다. 일남도 줄다리기 게임이 시작되기 전, 자신의 소중함 경험을 팀원들과 공유한다. 알리는 다른 이들의 말을 그저 묵묵히 따를 뿐이지만, 무궁화 꽃이 피었습니다를 할 때 당시에는 알지도 못했던 기훈이 곤경에서 빠져나오도록 도왔다. 이렇게 각자는 주어진 몫을 제대로 해낸다. 4화의 제목이 왜 '쫄려도 편먹기'인지 이해가 되는 대목이다.

네 사람에게 가장 필요했던 가치란 우정이었다. 게임에서 우승해 받는 상금은 부차적이다. 나약한 인간들은 치열한 대결 구도 속에서 바깥세상이였다면 불가능했을 끈끈한 관계를 형성한다. 군대에서 맺은 관계가 오랫동안 유지되는 것도 유사하다. 참가자들은 피상적이고 의례적으로 관계를 맺는 사람들이 절대로 이해하지 못하는 감정을 공유하고 교류한다.

죽음의 운동장에서 열리는 게임에 참여한 청록색 체육복을 입은 어른들은 잘난 사람, 못난 사람을 막론하고 자신을 희생하거나 누군가를 희생시키면서 인생이라는 학교에서 더욱 교활해진다. 배신은 더욱 고통스럽고 상처는 더욱 쓰라리다. 줄다리기가 끝나고 상우는 두 명씩 조를 이루어 불침번을 서자고 제안한다. 한 사람씩 서면 졸 수 있고, 무엇보다 배신할 가능성을 염두에 둔 조치였다.

덕수의 무리

서로가 평등한 기훈의 무리와 달리, 덕수의 무리는 배식 대기 줄에 끼어들어 다른 참가자의 몫을 가로채는 등 폭력을 행사하고 남을 괴롭히며 결속을 다진다. 새치기를 당한 198번은 미녀에게 항의하다가 덕수가 등장하자 입을 다문다. 5화에서는 가장 강한 사람으로 인정받을 때 따라오는 장점과 단점을 모두 보여 준다. 기훈이 지적했듯, 덕수는 힘을 쓰는 게임에서는 쉽게 팀을 승리로 이끌지만, 동시에 아주 사소한 일로도 팀원을 위험에 노출시킨다. 그의 존재 자체가 다른 참가자들에게 위압감을 주고 반감을 산다. 그런 맥락에서, 힘없는 일남을 가장 먼저 제거해야 한다고 생각하는 사람은 아무도 없다. 경쟁 상황에서 강점은 약점이 되고, 약점은 강점이 된다. 체력 강한 팀이 유리할 것이라 판단한 줄다리기에서 기훈 팀이 당당히 승리를 거머쥐고 돌아오자 놀란 듯 바라보는 덕수의 무리는 아마도 그 사실을 몰랐던 모양이다.

어디로 튈지 모르는 여자들

타인에 대한 신뢰가 없는 새벽은 오랜 시간 혼자서 모든 것을 헤쳐 왔다. 그는 비굴하게 덕수의 보호를 받느니 대놓고 덕수를 모욕하는 쪽을 택한다. 미녀는 거친 남자들만 있는 덕수의 무리에 섞여 있는 유일한 여자다. 새벽과 미녀는 처음에는 서로를 견제하지만, 화장실 한 칸에서 역할을 나눠 진행요원의 시선을 분산시키고 주위를 염탐한다. 기훈은 무리에 섞이지 못하고 동떨어져 있는 새벽에게 한밤중 덕수 무리의 기습을 함께 대비하자고 제안한다. 이를 계기로 10명이 필요한 줄다리기에 새벽은 과묵한 지영과 함께 기훈 무리에 합류한다. 6화에서 미녀는 완전히 홀로 남겨진다. 다음 게임에 참여하려면 39명의 참가자들이 둘씩 짝을 지어야 하는데, 어느 누구도 미녀와는 짝을 이루려 하지 않는다. 모두가 다음 탈락자를 미녀라고 생각하며 외면한다. 덕수의 배신으로 무리에서 내쳐진 미녀는 알리의 자리를 빼앗기 위해 인종차별적 발언도 서슴지 않는다. 그러나 진짜 정체가 무엇이고 무엇을 원하는지, 어떤 특기가 있는지, 어디로 튈지 모르는 미녀와 짝을 이루려는 사람은 아무도 없다. 미녀에게는 정말로 이름도 못 지어준 아이가 있을까? 2화에서 미녀는 처음 아이를 언급하지만 이후에는 단 한 번도 아이 이야기를 꺼내지 않는다. 그럼 전과 5범이라는 말은 사실일까? 꼭 그래야만 하는 게 아니라면, 누가 그런 사람과 팀을 이루려 하겠는가? 그러나 미녀는 자신이 한 약속만은 철저하게 지킨다. 미녀는 자신을 배신한 덕수를 죽이겠다 결심했고, 자신의 목숨을 던지면서까지 결심을 실행에 옮긴다. 미녀 역시 프런트맨과 마찬가지로 자신의 도덕적 명령을 다른 어떤 것보다 중요하게 생각했던 것 같다.

방관자 효과

271번은 배식 대기 줄에 서 있던 중 덕수 패거리에게 새치기를 당해 배식을 받지 못하자 모두가 보는 앞에서 덕수에게 자기 몫을 돌려 달라고 항의한다. 덕수는 오히려 그를 흠씬 두들겨 패고 결국 죽게 만든다. 271번이 덕수에게 폭행당하는 동안 진행요원도, 참가자도, 그 누구도 그를 말리지 않는다. 271번의 사망을 확인한 기훈이 진행요원들에게 도와 달라고 요청하지만, 이번에도 그들은 묵묵부답, 요지부동이다.

4화에 등장하는 이 장면은 심리학에서 '방관자 효과'라 부르는 상황을 여실히 보여 준다. 곤경에 처한 타인을 돕고자 곧바로 어떤 행동을 취하는 일은 극히 드물다. 섣불리 도왔다가 자신도 위험에 빠질 것을 두려워해서겠지만 꼭 그런 이유 때문만은 아니다. 실제로 우리는 어려움에 처한 누군가를 가장 먼저 돕기 두려워한다. 다른 누군가 먼저 나서지 않는 한, 가만히 있는 편이 훨씬 낫다고 여긴다.

이런 현상은 주변에 사람들이 적을 때보다 많을 때 훨

씬 더 두드러진다. 군중 속에 섞여 자신의 존재가 잘 드러나지 않을수록 사람들은 올바른 행동을 하기 위해 나서기를 더욱 주저한다. 그런 상황에서 사람들은 발생한 문제가 나만의 책임이 아닌 공동의 책임이라 여기고 자기 혼자서는 문제를 효과적으로 해결할 수 없다고 생각한다. 괜히 별거 아닌 일에 호들갑을 떨었다는 비판은 차치한다 하더라도, 사람들의 웃음거리로 전락할까 두려운 것이다. 이런 이유 때문에 우리는 큰 죄책감 없이 타인의 불행을 모른 체한다.

'방관자 효과'는 '부작위 편향'과 유사하다. 이런 심리적 현상을 비유적으로 표현한 프랑스 속담이 있다. '의심스러울 때는 가만히 있어라.' 불행을 막다가(내가 돕지 않으면 누군가 죽을 수도 있다) 또 다른 불행이 발생할 수도 있는 상황(내가 도와줘도 소용없을 것이고 나 역시 죽을 수 있다)이라면, 우리는 결국 자신이 피해를 입지 않는 쪽을 선택한다.

키티 제노비스라는 젊은 여성이 살해당한 사건이 발생한 이후, 방관자 효과는 1960년대에 심리학 이론으로 정착되었다. 이 여성이 강도 및 강간을 당하는 동안, 38명의 목격자에게 도움을 요청했으나, 누구도 돕거나 경찰에 신고하지 않았다. 그는 결국 자신의 집 앞에서 칼에 찔려 사망했다. 조용히 묻히는 듯했지만, 사건 발생 2주 후 『뉴욕 타임즈』에서 이 사건을 대대적으로 보도하면서 알려졌고, 이와 관련된 다수의 심리학 연구가 실행되었다. 연구들은 하나같이 어떤 사건 앞에서 모든 인간은 저절로 수동적으로 변하는 경향이 있다는 결론을 내렸다.

그런데 얼마 후 키티 제노비스 사건을 면밀히 조사한 결과, 살인을 목격한 사람은 사실 12명이었고 그가 공격당하는 모습을 잠깐 목격한 사람들은 상황의 심각성을 전혀 인지하지 못했던 것으로 드러났다. 게다가 목격자들 중 누군가는 멀리서 크게 소리를 질러 범인을 움찔하게 만들었고, 또 다른 두 명의 목격자는 경찰에 신고했다는 새로운 사실도 밝혀졌다. 화제를 불러일으킬 사건의 비극적이고 자극적인 측면 소개에만 급급하다 보니 상세한 수사 내용을 무시하거나 간과한 결과였다. 2016년에 이르러서야 『뉴욕 타임즈』는 오보였음을 밝히고 잘못을 인정했다. 연구의 계기가 되었던 기사에 오류가 있었을지언정, 최근의 사회적 풍토는 방관자 효과 이론이 틀리지 않았음을 증명해 주고 있다.

2.

부작용을 일으킬 수도 있는
소중한 가치, 신뢰

이름을 알려 준다는 의미

참가자들은 진행요원에 맞서 똘똘 뭉친 거대한 집단이 아니라 여기저기 흩어진 소규모 무리에 가깝다. 합심해 반란을 일으킬 수는 없었을까? 무기 몇 개만 탈취해서 저항했다면 큰돈을 가로채 몇억 원씩 나눠 가질 수도 있었을 텐데. 그러나 참가자들은 그런 일을 벌이기에는 너무 위험 부담이 크다고 지레짐작했을 것이다. 심지어 게임 참여에 앞서 참가 동의서에 서명도 했다. 무엇보다 모두가 인생에서 실패하고 어디서 뭘 하다 왔는지도 모르는 마당에 서로를 신뢰하고 일을 도모하기란 불가능했다. 456명 중에는 무기력한 루저들과 철저한 사이코패스들이 수두룩하니 말이다.

심지어 기훈은 어릴 적 동네 후배 상우도 온전히 믿지 못한다. 승자는 단 한 사람뿐이기에 모든 동맹에는 만료일이 존재한다. 언젠가는 등에 칼을 맞은 동료를 외면해야 할지도 모른다. 덕수는 처음에 장기 밀매에 가담하느라 자주 자리를 비우는 111번 병기(진행요원으로부터 네 번째 게임에 대한 정보를 얻지 못하자 병기는 폭발하고 서로 반목한다)를 경계하지만 나중에는 병기와 연합해 부정행위를 저지른다. 그리고 이 사실을 미녀가 폭로하면서 불신의 씨앗이 싹튼다.

참가자들이 타인에 대한 신뢰의 표시로서 자신의 이름을 알려 주는 행위는 중요한 의미를 갖는다. 알리는 처음에 상우를 '사장님'이라고 부른다. 그러나 상우가 그렇게 불리는 것을 꺼리고, 게임을 주관하는 프런트맨이 평등주의를 강조하는 만큼, 후에는 '형'이라고 부른다. 바깥세상에서의 서열은 오징어 게임의 세상에서 통용되지 않는다. 기훈은 일남을 '영감님'이라고 부른다. 일남이 자신의 이름을 기억하지 못하기 때문이다. 아니, 이름을 드러내지 않으려고 기억하지 못하는 척했기 때문이다. 그는 게임이 끝난 후에야 '깐부' 기훈에게 특별히 자신의 이름을 말한다. 지영은 아버지로부터 물려받은 성을 증오하며 끝까지 성씨를 밝히지 않는다. 지영이라는 이름밖에 알 수 없는 이유다. 미녀는 덕수를 '오빠'라고 부른다. 두 사람은 화장실에서 섹스를 한 뒤에야 신뢰를 쌓고 서로의 이름을 밝힌다. 그런데 체력이 요구되는 세 번째 게임에서 미녀는 덕수에게 철저하게 배신당하고 이렇게 말한다. "장덕수, 나 배신하면 죽인다고 했다." 그러나 덕수는 빈정거리며 이렇게 응수한다. "우리 한미녀 씨, 오늘도 게임 잘해 보세요." 이때 미녀는 덕수를 죽이겠다고 결심한다. 구슬치기에서 덕수의 부하 노릇을 하던 278번은 게임 내 폭력 사용이 금지되어 있다는 규칙을 이용해 그동안의 태도를 싹 바꾸고 '형님'으로 모시던 덕수를 조롱한다. 내세울 거라고는 폭력성밖에 없는 덕수가 강한 힘을 게임에서 사용하지 못할 때, 덕수를 향한 신뢰나 존경은 순식간에 조롱과 배신으로 변질된다. 기훈의 무리에 속한 사람들은 번호가 아닌 서로의 이름을 밝히며 결속력을 다진다. 그러나 한밤의 난투극에서 같은 팀 내부에서도 서로 죽고 죽이는 장면을 본 새벽은 여전히 누구도 신뢰하지 못한다. 그럼에도 불구하고 새벽은 아픈 일남의 열을 내리게 하기 위해 자기 몫의 물을 망설임 없이 건넨다. 물론 일남을 간호하던 기훈이 다음 날 새벽에게 그 빚을 갚지만 말이다. 타인을 신뢰하는 일은 새벽에게 너무 어려운 일이다. 누구도 믿지 않은 덕분에 새벽은 결국 기훈의 무리를 불시에 공격해 온 참가자를 해치우고 무리의 생존에 기여한다.

구슬치기, 신뢰에 가장 치명적인 게임

6화에서 참가자들이 두 명씩 짝을 지어 구슬치기에 참가하면서 기훈의 무리는 흩어진다. 줄다리기 이후 참가자들은 다음 게임이 둘 중 하나가 죽어야 하는 게임이라는 것을 상상도 하지 못한 채 짝을 이룬다. 참가자들은 자신이 선택한 짝이 아군이 아니라 적군이라는 사실을 모른다. 어떤 게임이 기다리고 있을지 모르는 상황에서 짝을 이룬다는 것 자체가 이미 큰 모험이다. 힘이 센 사람과 짝을 하는 게 좋을까? 아니면 똑똑한 사람과 함께하는 게 좋을까? 겉만 보고 그 사람을 신뢰할 수 있을까? 두 명이 짝을 이루면 줄다리기에서 팀을 이룬 여덟 명을 버려야 한다는 의미이다. 줄다리기를 할 때 형성되었던 연대는 이미 깨져 버렸고 집단으로서 발휘되는 힘은 사라진다. 짝을 찾지 못한 참가자들은 어쩔 수 없이 남아 있는 사람들과 짝을 이룬다. 덕수 곁에서 맴돌다 내쳐진 미녀는 은근히 리더십을 발휘하는 기훈과 상우에게 차례로 짝을 이루자고 제안하지만 거절당한다. 결국 혼자 남겨진 미녀는 이렇게 말한다. "병신 새끼들, 너희들 나 안 잡은 거 큰 실수하는 거야." 실제로 미녀는 게임에서 빠지면서 오히려 생존의 기회를 잡는다.

기훈은 구슬치기에서 일남을 위해 희생하거나 목숨을 빼앗아야 한다(일남은 게임에서 죽지 않으면 뇌종양으로 죽을 것이다). 기훈은 우승을 위해 깐부 일남을 배신하고 자기합리화를 하며 후자를 선택한다.

상우는 알리에게 같이 게임 하자고 제안한다. 상우의 예상과 달리 알리가 이기자 상우는 그를 위협하다가 결국 사과하고 가족을 핑계로 대며 애원한다. "너도 내 덕분에 여기까지 왔잖아! 내가 너한테 차비도 줬고, 줄다리기도 내 작전 때문에 산거고, 밤새 같이 불침번도 서고. 우리 조금 전까지만 해도 같이 여기서 나가기로 약속했잖아. 아니야?" 순진한 알리는 마음이 약해져 그를 용서한다. 알리는 후에 깨닫게 된다. 자신이 상우를 너무 쉽게 믿었다는 것을.

그동안 새벽과 지영은 네 번째 게임이 무엇인지도 모르면서 여자 둘이서 짝을 이루는 모험을 감행한다. 두 사람은 구슬치기에서 주어진 시간이 다 끝나가는 순간에 단판으로 승부를 결정짓기로 합의하고, 게임을 하는 대신 게임에서 지면 평생 입 밖에 낼 일 없는 내밀한 속내를 서로에게 터놓는다. 그리고 마지막 순간에 서로의 이름을 밝힌다. 이 장면이 전하는 메시지는 명확하다. 그들은 번호가 아닌 각자의 역사를 가진 유일한 존재라는 사실이다. 지영은 새벽을 위해 자신을 기꺼이 희생한다. 지영은 애초에 게임에서 이겨 상금을 받겠다는 의지가 전혀 없다. 그야말로 얻을 것도 잃을 것도 없는 지영은 그곳에서 나가봤자 갈 곳도 없다. 새벽은 지영을 신뢰함으로써 구원받지만, 알리는 상우를 신뢰함으로써 죽음을 맞는다. 오징어 게임에서 보편적인 규칙은 적용되지 않는다. 서로 사랑하는 부부인 69번과 70번은 짝을 이루어 게임을 하다 가슴 찢어지는 이별을 한다. 69번은 승리해 살아남지만 새벽처럼 아내의 자발적 희생 덕분에 이겼는지 상우처럼 아내를 속여서 이겼는지는 알 수 없다.

위험하지만 어쩔 수 없는 선택

어쨌든 게임에서 살아남은 사람들은 적어도 가끔은 서로를 신뢰해야 한다. 물론 상황 때문에 어쩔 수 없이 상대를 신뢰해야 할 때도 있지만 그럼에도 불구하고 서로에게 우정과 같은 감정을 느낄 때도 있다. 예를 들어 유리 징검다리 건너기에서 예상치 못한 일이 벌어진다. 무사히 건너갔던 첫 칸의 강화유리가 어디인지 몰라 기훈이 당황해하자 앞서 지나간 새벽이 왼쪽이라고 알려준다. 그를 돕는다고 해서 결과가 바뀌거나 생존 가능성이 높아지는 게 아닌데도 말이다. 오히려 기훈이 살아남으면 경쟁자가 한 명 더 늘어나는데도 새벽은 기꺼이 기훈을 돕는다. 일남을 돕다가 난처한 상황에 놓이는 기훈처럼 누군가를 돕는 행위에는 때때로 위험이 뒤따른다. 그럼에도 위험을 감수한 선행은 기훈과 일남, 기훈과 새벽처럼 서로를 신뢰하는 계기가 되기도 한다. 그것은 이해관계를 따지지 않는 신뢰다. 반면 일반 유리와 강화유리를 구분하지 못해 다리를 건너지 못하고 망설이는 참가자를 뒤에서 밀치는 상우는 생존을 위해 무슨 짓이든 할 수 있는 사람처럼 보인다.

마지막 날 밤, 각자 칼을 숨긴 세 생존자는 첫날밤과 똑같은 상황에 놓인다. 그들 중 누군가는 다른 사람이 자고 있을 때 그를 살해할까? 칼을 들고 자신에게 다가오는 기훈을 본 새벽은 두려워하지만 기훈은 상우가 공격할 것에 대비할 뿐이라며 새벽을 안심시킨다. 유리 징검다리 건너기를 하다 복부에 부상을 입은 새벽은 가쁜 숨을 몰아쉬며 자신을 걱정하는 기훈에게 말한다. "아프면, 아저씨가 고쳐 주게?"

끝까지 신뢰가 완전히 자리를 잡지 못한다. 이것이 오징어 게임의 함정이다. 오징어 게임에서는 타인과의 연대와 신뢰가 불가능하다. 그럼에도 기훈은 상우를 '이기기 위해' 새벽에게 동맹을 제안한다. 자신을 좌절시킨 바깥세상에 대한, 그리고 게임 자체에 대한 복수의 기회를 잡고 새벽과 상금을 나누어 가질 계산이었다. 새벽은 기훈에게 상금으로 무엇을 할 지 물으며 지영과 그랬듯 속마음을 터놓고 이야기를 나눈다. 기훈은 상금으로 빚을 갚고 어머니에게 가게를 하나 열어 주고, 또 딸에게 제대로 된 아빠 노릇을 해 보고 싶다. 새벽도 그곳에서 나가면 보육원에 있는 남동생을 데려와 함께 살고 싶어 한다. 비슷한 꿈을 꾸는 두 사람은 자연스럽게 한 팀을 이룬다. 새벽은 기훈에게 누구든 둘 중 하나가 살아서 나가면 서로 남은 가족을 챙겨 주자고 제안한다. 기훈은 새벽에게 그런 말은 하지 말라며 마음 아파하지만, 새벽은 살아서 나갈 수 없다는 것을 직감한다. 새벽의 제안은 남동생을 보살펴 줄 사람을 구하는 일종의 게임이다. 한편 새벽은, 자고 있는 상우를 죽이려는 기훈을 말리므로써 기훈의 양심을 지켜 주지만, 이는 되려 새벽이 상우에게 공격당할 빌미가 된다. 부상당한 새벽과 이를 걱정하는 기훈이 게임을 종료할까 우려하며 새벽을 칼로 찔러 살해하고 만 것이다. 절망한 기훈은 자포자기하는 심정으로 상우를 죽이려 하지만 진행요원의 개입으로 좌절된다. 그들의 마지막 혈투는 VIP들이 관람하는 여섯 번째 게임에서 진행되어야 하기 때문이다. 새벽을 죽이고 자신의 행동에 얼이 빠진 상우가 새벽을 붙들고 울고 있는 기훈의 등에 칼을 꽂지 않은 것은 기훈의 입장에서 그나마 다행스러운 일이다.

여기서 아이러니는 기훈이 새벽을 도우려 하지 않았다면 새벽의 죽음은 늦춰질 수 있었다는 점이다. 새벽을 살리려고 문을 두드리며 도움을 요청하는 소리에 자고 있던 상우가 깨어났고, 상우는 다급하게 새벽을 주인다. 이처럼 선한 의도가 반드시 선한 결과를 가져오지는 않는다.

게임 이론 : 모든 일이 내 뜻대로 되지는 않는다

미녀는 덕수에게 배신당한다. 알리도 상우에게 배신당한다. 반면 새벽과 지영은 서로 신뢰한다. 일남과 기훈도 서로 신뢰하지만, 그것은 허상이다. 우리는 타인을 얼마나 신뢰할 수 있을까? 심리학과 경제학은 이 문제를 관심 있게 바라보고 다각도에서 연구했다.

우선 게임 이론에 대한 다양한 연구가 실행되었다. 여기서 말하는 게임이란 사회적 상호작용을 하며 타인이 할 법한, 혹은 이미 한 선택에 따라 나의 선택이 달라질 수 있음을 의미한다(이 분야의 주요 저서로는 수학자 요한 폰 노이만과 경제학자 오스카어 모르겐슈테른이 1944년에 출간한 『게임 이론과 경제 행동*Theory of Games and Economic Behavior*』이 있다).

예를 들어 어떤 선택을 할 때, 아무런 변수가 존재하지 않는다면 선택에 큰 어려움이 없다. 마찬가지로 줄다리기 게임을 함께할 팀원으로 힘이 센 덕수와 쇠약한 일남 중 한 사람을 택해야 할 때도 고민할 필요가 없다. 그러나 유리를 잘못 선택하면 아래로 추락하고 마는 유리 징검다리 건너기의 마지막 주자로 일남과 안경 쓴

노부인(453번) 중 한 사람을 택해야 한다면 고민이 깊어진다. 만약 체스 게임 상대를 선택해야 한다면, 다양한 경우의 수를 쉽게 예측할 수 있는 수학 선생 출신 참가자(62번)보다 덕수를 택하는 편이 훨씬 더 상대하기 쉬울 것이다. 그러나 여기에도 변수가 있다. 예상과 달리 수학 선생은 체스를 둘 줄 모르고 덕수는 체스를 아주 잘 둘지도 모른다.

이런 미묘한 변수를 고려해 폰 노이만과 모르겐슈테른은 사람들이 어떤 선택을 할 때는 이용 가능한 정보를 고려해 자신에게 가장 이득이 되는 합리적인 선택을 한다는 '기대 효용 가설'을 제시했다. 유리 징검다리 건너기를 하기 전, 등 번호를 고를 때 앞 번호가 유리할지 뒤 번호가 유리할지 전혀 모르는 상황에서 기훈이 번호를 고르며 망설인 것도 바로 이 때문이다.

그럼 다시 체스 게임으로 돌아와 누구와 체스를 둘지 결정했다고 가정하자. 상대도 체스를 둘 줄 알며 상대의 수준을 가늠한 뒤 그가 다음에 어떤 수를 둘지 예측한다고 가정해 보자. 만약 상대가 체스를 잘 못 둔다면, 나를 속이려고 일부러 그러는 것일까? 상황은 더욱 난감해진다. 이기든(+1), 지든(-1), 패배를 감수하지 않고는 '킹'을 움직일 수 없다. 이 경우 게임은 무승부다(0). 이렇게 승자가 얻은 이익과 패자가 잃은 손실을 합치면 0이 되는 상황을 '제로섬 게임'이라 한다.

반면 몇몇 게임은 '논제로섬' 게임이다. 이 경우, 두 플레이어는 이익의 전부 혹은 일부를 얻거나 잃을 수 있다. '죄수의 딜레마'는 가장 잘 알려진 논제로섬 게임이다.

내가 범죄자라고 가정해 보자. 공범과 나는 방금 체포됐다. 그런데 우리를 유죄로 볼 만한 증거가 부족하다. 이때 한 경찰(김상혁 같은)이 나에게 거래를 제안한다. "공범의 죄를 증언하면 불기소로 석방해 드리겠습니다. 공범은 감옥에 갈 거고요." 이런 상황에서 내가 부도덕한 사람이라면 기꺼이 밀고자가 되는 쪽을 선택할 것이다. 그런데 남을 궁지에 몰아넣기를 즐기는 경찰은 이렇게 함정을 판다. "공범에게도 같은 제안을 할 겁니다. 만일 그쪽에서 당신을 고발하면 당신은 감옥에 가고 그 사람은 석방될 겁니다. 공교롭게 둘 다 서로를 고발하면 둘 다 감옥에 가게 되겠지만 감형은 될 겁니다. 둘 다 고발하지 않으면 둘 다 법에서 정한 형량을 받게 되겠죠." 공범이 어떤 선택을 할지 알 수 없는 상황에서 어떤 선택이 나에게 더 이득이 될까? 공범을 믿어야 할까? 괜히 순진하게 그를 믿었다가 나만 바보가 되지는 않을까? 설령 경찰에 체포될 때 서로 입을 맞췄다고 해도 공범이 그 약속을 지킬 것이라고 누가 보장할 수 있겠는가? 공범 역시 내 선택을 잘못 예측하고 오해할 수도 있지 않겠는가…….

게임 이론의 맹점이 바로 이것이다. 죄수의 딜레마에는 정답이 없다. 변수가 많기에 어떤 선택을 해도 그 선택이 최선이라고 확신할 수 없다. 그저 공범에게나 나에게나 최대한 서로 이득이 되는 결과를 기다리며 일이 순조롭게 진행되기를 바라는 수밖에 없다. 그럼에도 불구하고 두 사람 모두 최악의 결과를 맞는다면, 둘 다 패자로 전락하는 것이다. 죄수의 딜레마에 정답이 없다는 사실, 즉, 상호 이익의 측면에서 타인의 선택과 나의 선택이 일치하는지 절대 알 수 없는 상황은 한 개인에게는 불리할 수 있지만 인간 전체에게는 유리하다고 할 수 있다. 이는 곧 우리 주변을 둘러싸고 있는 거대한 흐름에 관계없이 우리가 단독으로, 짝을 이루어, 혹은 무리를 지어 주변 상황에 휘둘리지 않고 선택할 수 있다는 것을 의미하는 동시에, 우리의 선택을 단순히 수학적 모델링으로 예측할 수 없다는 것을 의미한다.

☞ 함께 읽을거리

Nicolas Eber, *Théorie des jeux*, Dunod, 2018.

3.

애처로운 깐부,

일남과 기훈

아버지의 상징, 일남

참가자 1번과 456번. 두 사람은 오징어 게임의 양 극단에 서 있으며 한 쪽은 게임의 기획자, 한 쪽은 게임의 최후 승자이다. 기훈과 일남은 게임을 하면서 '깐부' 즉, 서로에게 믿음직한 친구가 되기로 약속한다. 지영의 희생 덕분에 살아남는 새벽을 제외하면, 생존을 위한 배신이 거듭되는 오징어 게임에서 상호 간 우정은 찾아보기 힘들다. 자기 자신을, 어떤 이상을, 깐부의 우정을 곧이곧대로 믿는다면 쉽게 위험에 노출된다. 그런데 가장 미묘하고도 감동을 준 관계, 우리가 순수한 우정이라 믿었던 관계는 후에 가장 왜곡된 관계였음이 밝혀진다. 그저 선량하게만 보였던 일남은 사실 〈오징어 게임〉 최악의 빌런이었다. 사실이 밝혀지는 순간, 우리 역시 기훈처럼 경악할 수밖에 없다.

기훈은 일남과의 관계 때문에 힘이 필요한 모든 게임에서 핸디캡을 감수한다. 가장 약한 사람에게 마음을 쓰는 기훈은 자신의 생존을 위해 다른 이들을 희생시켜야 하는 전쟁터에서도 인간성을 잃지 않는 인물이다. 기훈은 덕수와 달리, 약해 보이고, 거추장스러운 짐처럼 취급받는 쓸모없는 사람을 타고난 배려심으로 품는다. 일례로 기훈은 6화에서 일남이 바지에 소변을 보자 자신의 체육복을 일남의 허리춤에 둘러 주며 그의 실수를 감춰 준다. 이미 모두가 일남의 실수를 알아차렸겠지만 그럼에도 기훈은 애써 일남의 존엄성을 지켜 준다. 후에 일남은 기훈에게 팀을 구성할 때 윗옷이 없으면 사람들이 우습게 볼 거라며 자신의 옷을 건넨다. 기훈에게 진 빚을 갚은 셈이다. 그 모습에 마음이 약해진 기훈은 구슬치기에서 일남과 짝을 이룬다. 생존만 생각했다면 자신에게 유리한 수학 선생이나 다른 참가자와 짝을 이루었을 것이다.

그런데 공교롭게도 구슬치기가 시작되자 일남의 치매 증상이 극심해지고 게임을 할 수 없는 지경이 된다. 게임이 계속 지연되자 일남에 대한 기훈의 연민과 동정은 한계에 다다르고 기훈은 게임을 해야 한다고 일남을 다그친다. 기훈은 살아남고 싶어 한다. 꼭 딸에게 번듯한 아버지가 되고 싶어서라기보다는 생존 본능이다. 어렵사리 일남은 구슬치기를 시작하고, 왜 이겨야 하는지도 모르면서 이긴다. 일남은 아마도 치매에 걸리지 않았고 깐부 기훈이 속이고 있다는 사실도 알고 있었으리라 짐작된다. 일남은 자신을 속인 기훈을 원망하지 않고 게임을 포기하며 긴 시간 자신을 진심으로 대한 기훈에게 다음 게임에 참여할 기회를 선사한다. 일남은 심지어 자신의 본명을 기훈에게 알려 주면서 기훈을 향한 신뢰를 드러낸다. 두 사람의 관계는 아버지와 아들 사이를 떠올리게 한다. 일남과 프런트맨의 관계도 역시 그와 유사하다. 물론 프런트맨은 자신의 상관이자 멘토가 고통 속을 헤맬 때조차 어둠 속에서 모습을 드러내지 않지만 말이다.

기훈의 진짜 아버지는 어떤 사람일까? 우리는 알 수 없다. 3화에서 일남은 기훈을 보고 "내 아들이 딱 너 같았다"며 미소 짓는다. 일남은 기훈이 홀가분하게 게임에 임할 수 있도록, 자신이 짐이 될 게 뻔한 유리 징검다리 건너기를 하기 전에 사라져 준다. 일남은 기훈의 아버지 같은 존재이기 때문에 어떻게 보면 당연한 선택이다. 일남은 구슬치기에서 처형을 당하기 전(물론 진짜로 당하는 것은 아니다), 자신을 배신한 깐부, 기훈을 원망하는 대신 이렇게 말한다. "그동안 고마웠네. 자네 덕분에 잘 있다가 가네." 드라마가 끝나고 나서야 우리는 일남의 이 말에 복선이 깔려 있었다는 사실을 깨닫게 된다.

'그리운 옛 시절' 같은 건 없다

중요한 질문이 하나 남아 있다. 일남이 9화에 이르러

다시 등장하는 이유는 무엇일까? 깐부 기훈이 폐인처럼 산다는 소식을 듣고 그에게 충격을 줘서 정신 차리게 하려고? 인간성에 대한 기훈의 믿음을 깨트리고 그를 굴복시키고 싶어서? 둘 다 일 수 있다. 일남과 기훈이 서로를 정말로 어떻게 생각하는지 우리는 알 수 없다.

　나약한 겉모습을 지닌 일남은 기훈에게 보호해야 하는 어린아이인 동시에 아버지 같은 존재이다. 일남은 약자이자 전달자이다. 그는 어린 시절 놀이의 승리 전략을 전달하는 동시에 잔혹하고 냉소적인 초자유주의적 세상과 대척점에 있으며 보다 순수하게 미화시킨, 이제는 사라지고 없는 세상의 좋았던 시절을 오징어 게임을 통해 구현하고 전달한다. 그런 일남을 현 세대는 이해할 수 없기에 그를 구닥다리 노인이라 무시한다. 그는 구시대의 유물이며 쓸모없는 고물이다. 그런데 일남은 자신의 진짜 얼굴을 드러내면서 전달자로서의 역할을 스스로 제거해 버린다. 현명하고 어질다고 생각했던 인물이 그토록 혼란스럽고 비인간적이며 배신이 거듭되는 게임의 주관자라는 것이 밝혀진 마당에 어떻게 계속 그를 존중할 수 있을까? 누구도 믿을 수 없다. 나를 구원하거나 위로할 사람이 있으리라고 기대해서는 안 된다. 나 자신과 내가 내린 결정 외에는 아무것도 믿을 수 없다.

이제는 사라져 버린 과거에 집착했던 일남은 이제 456명의 저주받은 참가자들이 희생된 지옥에 대해, 혼란에 빠진 기훈의 미래에 대해 답을 해야 한다. 기훈은 일남에게 진실을 말하라며 묻는다. "당신 어디까지가 진짜고, 어디까지가 거짓이야?" 비밀을 지키기 위해, 또는 치매 때문에 잊어버려서 말할 수 없었던 일남의 이름은 진짜였다. 뇌종양으로 투병 중인 것도, 가족에 대한 추억도 모두 진짜였다. 하지만 일남은 게임의 '주관자'라는 신분을 숨기고 내내 고의로 거짓말했을 뿐만 아니라 2화에서는 뻔뻔하게 노숙자 행세도 한다. 길에서 기훈을 우연히 만난 일남은 오징어 게임에 다시 참가하기로 했다며 기훈에게 말한다. "혹시 알아? 거기서 내가 일 등 할지." 이 만남은 정말로 우연이었을까? 아니면 일남의 계획이었을까? 한밤중에 서로를 죽이는 난투극이 벌어졌을 때, 그는 정말로 두려움을 느꼈을까? 그는 왜 VIP를 맞이하러 나가지 않았을까? 우리로서는 알 길이 없다. 그밖에 다른 '떡밥'들에 관한 해답을 얻으려면 다음 시즌을 기다리는 수밖에 없을 듯하다.

기훈이 추구하는 것

기훈 역시 일남에게는 수수께끼 같은 존재다. 상우와의 잔혹한 일대일 대결에서 승기를 잡고서도 끝내 상우를 죽이지 못한다. 선한 본성을 가진 기훈은 전형적인 루저이지만 끝까지 인간성을 포기하지 않는다는 점에서 일남에게 어떤 깨우침을 준다. 언제나 인간에 대한 희망을 놓지 않는 기훈이 오징어 게임 최종 승자가 된다. 현실에서 참혹한 실패를 경험했음에도 불구하고 기훈이 주변 사람을 배려하고 품는 이유는 결코 그가 순진하거나 무모해서가 아니다.

어쨌든 기훈은 일남에게 깊은 인상을 남긴다. 일남은 죽음을 앞두고 마지막으로 기훈과 속 깊은 대화를 하고 싶어 한다. 그는 기훈에게 솔직하게 말하고 용서를 구한다. 그런데 일남이 정말로 기훈의 용서를 원할까? 꼭 그렇다고 단정하기는 힘들다. 오히려 일남은 기훈과 마지막으로 게임을 하길 바란다. 이제 게임의 목적은 과거에 대한 향수가 아니라, 인간과 세상을 대하는 태도의 옳고 그름을 판가름하는 데 있다. 일종의 내기인 셈이다. 우연은 누구의 편을 들어 줄까? 무관심 속에서 추위로 동사할 위기에 놓인 노숙자를 도와줄 착한 사마리아인이 나타날까? 일남은 기훈에게 묻는다. "자네라면 어쩌겠나? 저 냄새나는 인간쓰레기를 도와주겠나?" 기훈은 혼란스럽다. 그리고 자정이 되기 2분 전, 일남은 기훈에게 되묻는다. "정말 아직도 사람을 믿나?"

일남은 기훈에게 마지막 말을 남긴다. "자넬 왜 살려 줬냐고

물었지? 재미있었거든, 자네와 같이 노는 게. 자네 덕에 기억도 나지 않던 오래전 일들이 떠올랐어. 그렇게 재밌었던 거, 정말 오랜만이었어." 구슬치기에서의 거짓 작별의 이면에는 이런 진심이 숨겨져 있었다. 노숙자는 자정이 되기 몇 초 전, 누군가 로부터 도움을 받지만 이미 일남은 숨을 거둔 뒤였다. 진실을 밝히기에는 너무 늦었다. 기훈은 일남을 향해 읊조린다. "당신 도 봤지? 당신이 졌어." 기훈은 억지로라도 그렇게 믿고 싶어 한다.

456번은 이번야말로 진정한 승리를 거둔다. 기훈은 모든 것을 다 걸었다. 일남의 예상과는 다르게, 냉혹한 세상에 인간을 향한 연민이 남아 있었다. 기훈은 이 내기에서 자신이 이기면 직접 일남을 죽이겠다고 공언했지만 일남이 숨을 거두면서 기훈의 다짐은 실현되지 못하고, 기훈은 더 이상 양심을 더럽힐 필요가 없어진다. 깐부이자 적이었고, 멘토이자 그릇된 본보기였던 일남에게서 벗어난 기훈은 그제서야 마음의 짐을 내려놓는다. 다만 기훈을 마음의 짐에서 해방시켜 주는 것이 그날 밤 일남의 목적이었는지 아닌지는 우리로서는 알 길이 없다.

줄다리기의 심리학,
사회적 촉진인가 사회적 태만인가?

    안타깝지만 현재로서 무궁화 꽃이 피었습니다 게임에 관한 학술적 연구는 전무한 듯하다. 달고나 뽑기 게임에 대한 연구나 구슬치기에 관한 연구 역시 존재하지 않는다. 바닥에서 수십 미터 떨어진 높이에 설치된 유리 징검다리 건너기에 대한 연구나 땅 위에 오징어 모양을 그리고 머리 부분에 발을 먼저 들이는 사람이 승자가 되는 오징어 게임에 관한 연구 역시 있을 리 만무하다. 그런데 의외로 줄다리기에 관한 연구는 존재한다. 줄다리기에 관한 연구는 심지어 사회심리학을 태동시킨 연구로 간주된다.

    1898년, 인디애나 대학교 노먼 트리플릿Norman Triplett 교수는 여럿이 함께 스포츠를 할 때 어떤 변화가 발생하는지 여러 차례 관찰한 뒤, 그에 대한 연구 결과를 발표했다. 연구팀이 선택한 스포츠는 사이클 경주(당시 매우 인기 있었다)와 줄다리기였다. 연구 결과에 따르면, 무리 지어 운동할 때 각자는 비축하고 있던 에너지를 최대한 끌어올렸고 혼자였다면 절대 보여 주지 못했을 에너지를 폭발시켰다. 트리플릿 교수는 아이들을 대상으로 낚시 릴 빨리 감기 실험도 진행했다. 그는 아이들에게 낚시 릴을 최대한 빨리 감아 보라고 요청했고, 다른 아이가 차례를 기다리며 지켜보고 있을 때, 아이들이 더 빨리 낚시 릴을 감는 현상을 확인했다. 마찬가지로 〈오징어 게임〉의 줄다리기 게임은 타인과 함께할 때 작업 효과가 향상된다는 사회적 촉진의 매우 훌륭한 예시가 될 수도 있다.

예시가 '될 수도' 있다고 표현한 이유는 아쉽게도 두 상황은 비교 자체가 불가능하기 때문이다. 트리플릿 교수의 연구에 참여한 운동선수들의 목적은 생존이 아니었다. 만약 생존이 달렸더라면 더 좋은 성적을 냈을 것이다. 동기 자체가 달랐던 것이다. 목숨이 걸려 있다면, 두 명이 있든 열 명이 있든 오징어 게임 참가자들처럼 죽기 살기로 운동했을 것이다. 그런데 15년 후, 1882년에 프랑스 농학자 막시밀리앙 링겔만Maximilien Ringelmann이 시행했던 줄다리기에 관한 연구 결과가 뒤늦게 발표되었다. 트리플릿 교수의 연구를 정면으로 반박하는 결론이었다. 그는 사람들이 어떤 집단에 속해 있을 때는 힘든 일을 남에게 떠맡긴 채 무임승차하려는 경향을 보인다고 주장했다. 충분히 일리가 있는 이야기다.

집단에 속할 때 사람은 노력을 최대한 끌어올릴까, 아니면 최소한으로 제한할까? 오징어 게임의 참가자들은 분명 노력을 게을리하지 않지만, 실제 삶에서 우리는 스스로 무능하다는 생각이 들면 포기하려 한다. 반면 주어진 일을 완벽하게 처리할 수 있다고 판단되면 더 많은 노력을 기울인다. 요약하면, 집단에 속해 있더라도 자신의 능력에 따라 별로 눈에 띄지 않을 수도 있고 훌륭한 성과를 올려 사람들을 놀라게 할 수도 있다. 또한 기대되는 이득에 따라 발휘되는 능력의 정도는 얼마든지 달라진다.

마지막으로 한 가지 덧붙이면, 사회적 태만이 보편적인 현상이 되었다고 말할 수는 없더라도, 사회적 촉진이 오늘날 여러 반론에 부딪히고 있는 것만은 사실이다. 실험심리학의 선구자라 할 수 있는 트리플릿 교수가 데이터 조작 따위의 나쁜 습관이 있던 연구자였다는 사실 역시 간과해서는 안 된다. 버지니아 대학교의 브라이언 노섹Brian Nosek 교수는 2012년부터 2015년까지 270명의 연구원들과 함께 정기간행물 심사위원회 저널에 게재

된 100건의 실험심리 연구에서 오류를 찾아내는 작업에 착수했다. 100건의 연구들 중 무려 3분의 2가량은 결과를 실증적으로 입증하지 못했다. 학계에서 통계를 살짝 손보는 행위는 일상의 단순한 실수만큼이나 비일비재하게 일어난다. 그 세계에서는 '출판하거나, 도태되거나'로 표현되는 법칙 위에서 경력을 쌓아야 하기 때문이다. 다시 말해 학계에서 살아남아 더 많은 연구 지원금을 끌어오려면 늘 더 많은 연구 결과를 출판하고, 가능한 눈에 띄는 결과를 내놓아야 한다. 몇 푼 쥐어주기만 하면 곧바로 게재되는, 인터넷을 떠도는 가짜 과학 저널에 등록된 그럴싸한 연구 논문이 몇 건이나 될지는 감히 헤아릴 수도 없을 듯하다.

☞ 함께 읽을거리

Nicolas Chevassus-au-Louis, *Malscience. De la fraude dans les labos*, Seuil, 2016.

#5

〈오징어 게임〉은 우리에게 무엇을 가르쳐 주는가?

"아직도 사람을 믿나? 그 일을 겪고도?"
_9화, 일남의 대사

1.

돈은 쾌락을 줄 뿐,
행복을 주지는 않는다

부유함이 남기는 공허함

우리는 때로 게임을 통해 배운다. 그렇다면 우리는 〈오징어 게임〉을 보면서 무엇을 배울 수 있을까?

9화의 한 장면에서 한국의 가계 빚 증가 속도가 세계 2위 수준이라 뉴스가 잠시 스쳐 지나간다. 〈오징어 게임〉에서 돈은 한국 사회를 곪게 만든 악의 근원으로 간주된다. 사람들은 빚에서 벗어나려고 오징어 게임에 제 발로 걸어 들어간다. 그곳에서는 자신들의 불행을 가난한 자들에게 전가시킨 채 현대판 로마 황제처럼 게임을 방탕하게 즐기는 VIP들 앞에서 검투사가 되어 목숨을 건 싸움을 치러야 한다. 게임에 걸린 상금은 일견 굉장히 커 보이지만 생각해 보면 그다지 어마어마한 액수는 아니다. VIP들의 월 수익이나 연봉에 비하면 말이다. 기훈은 지하철에서 오징어 게임에 참가하려는 사람을 우연히 발견하고 절대 들어가지 말라고 충고한다. 한편 인호는 다시 게임을 주관한다. 그는 돌아올 수 없는 강을 건넜다. 그는 돈이 아니라 신념 때문에 게임에 집착한다. 신념은 돈에 대한 욕망보다 훨씬 더 끔찍한 공포를 불러온다.

흔히 돈이 행복을 가져다주지 않는다고 한다. 돈이 없는 빈자에게는 물론이고, 부자라고 할지라도 다르지 않다. VIP들은 이미 그 사실을 알고 있는 듯하다. 백만장자가 가난한 사람보다 더 행복하고 더 큰 성취감을 느끼는 것은 아니다. 다만 고민이 다를 뿐이다. 그게 전부다. 심지어 부자들이 우울증이나 중독에 더 쉽게 빠져든다. 침대에서 죽어 가는 일남은 기훈에게 이렇게 말한다. "자네 돈이 하나도 없는 사람과 돈이 너무 많은 사람의 공통점이 뭔 줄 아나? 사는 게 재미가 없다는 거야. 돈이 너무 많으면은 아무리 뭘 사고 먹고 마셔도 결국 다 시시해져 버려. 언제부터인가 내 고객들이 하나둘씩 나한테 그러는 거야. 살면서 더 이상 즐거운 게 없다고. 그래서 다들 모여서 고민을 좀 해 봤지. 뭘 하면은 좀 재미가 있을까?"

권태로 괴로워하는 죽음을 초월한 인간들을 그린 마이클 무어콕의 공상과학소설 『시간의 끝에서 춤추는 사람들』▽에서처럼, 456명의 참가자들이 죽어 가는 모습을 마치 의식을 치르듯 지켜보는 불행한 억만장자들은 어떤 의미에서 무언가를 갈구하는 사람들이다. 그들이 바라는 것은 흥분, 놀라움, 즐거움, 흥미로움이다. 그들은 도덕과 정의를 추구하지 않는다. 그저 자신들을 자극시키는 광경을 보면 그뿐이다. 손가락 하나만

▽

1960년대~1970년대 판타지 소설에 지대한 영향을 미친 잉글랜드 SF, 판타지 작가 마이클 무어콕Michael Moorock의 1981년 발표작으로, 죽음을 초월하여 자살마저 일종의 유희로 삼고 쾌락만을 탐하는 인류의 마지막 후손을 다뤘다.—옮긴이 주

까딱해도 돈으로 온갖 욕망을 채울 수 있다면, 그것이 물질적 욕망이든 성적 욕망이든, 욕망은 쉽사리 고갈되고 영원한 고통 속에 삶은 헛되이 낭비된다.

특히 긍정 심리학(우리를 행복하게 하는 것이 무엇인지 연구하는 학문)에서 실행한 수많은 연구에 따르면, 필수적인 욕구를 채우고 여가 생활과 휴가를 즐길 만한 돈이 있다면 우리는 행복감을 느낄 수 있다. 허리띠를 졸라맬 정도로 가난하지도 않고, 주체할 수 없을 정도로 부유하지 않은 상태가 가장 이상적이라는 뜻이다. 노벨경제학상을 수상한 경제학자 대니얼 카너먼 Daniel kahneman은 과도한 빚이 있는 경우를 제외하고, 연 소득이 7만 5천 달러 이상을 넘어서면 행복감이 소득보다 더디게 증가한다고 주장했다. 카너먼은 소득의 증가뿐만 아니라 사회적인 성공 역시 행복을 보장해 주지 않는다고 지적했다.▽ 그러나 최근 미국 펜실베니아 와튼 스쿨 연구원 매슈 킬링즈워스 Matthew Killingsworth는 돈 없는 사람들에게 위로가 되었던 카너먼의 주장을 정면으로 반박했다. 그는 소득 7만 5천 달러에 도달하면 행복감이 한계점을 찍는다는 카너먼의 주장에는 일관된 증거가 없다고 지적하며, 소득이 높아질수록 행복감도 계속 높아진다고 주장했다.▽▽

▽
Daniel Kahneman · Angus Deaton, "High income improves evaluation of life but not emotional well-being", *PNAS* 107(38), 2010.

▽▽
Matthew A. Killingsworth, "Experienced well-being rises with income, even above $75,000 per year", *PNAS*, 2021.

첫째도 돈, 둘째도 돈

5화에서 알리는 돈을 벌려 파키스탄에서 한국으로 왔고, 돈 때문에 게임에 참가했다고 말한다. 6화에서 새벽은 상금을 타서 남동생과 함께 살고 싶다는 소망을 내비친다. 기훈은 상금을 타 딸에게 제대로 된 아빠 노릇을 하고 어머니의 수술비를 마련하고 싶다고 말한다. 호스트인 것을 숨기고 게임에 참가한 일남과 돈을 필요로 하지 않는 지영(아무 데도 갈 데가 없어서 왔다)을 제외하고 모든 참가자들의 참가 목적은 첫째도 둘째도 상금이다. VIP처럼 쾌락을 즐기기 위해 돈이 필요한 게 아니라, 빚을 갚기 위해 돈이 필요하다. 참가자들은 빚을 청산하고 제2의 인생을 시작하길 꿈꾼다.

경마에서 돈을 딴 기훈처럼, 갑자기 넘치게 많은 돈을 손에 넣은 참가자들은 흥청망청 돈을 쓰다 폐인이 될 가능성이 높다. 참가자들은 단지 빚 때문만이 아니라 돈 자체에 대한 탐욕에 이끌려 게임에 뛰어든다. 지폐가 가득 찬 돼지 저금통은 참가자들의 머리 위에서 끊임없이 참가자들을 유혹한다(일부 진행요원은 그들의 욕망을 부추기는 방법을 알고 있다). 몇몇 참가자는 빚을 갚겠다는 생각은 온데간데없이 상금 자체를 욕망한다. VIP들의 사냥감인 참가자들은 헤드라이트에 눈이 먼 토끼처럼 자신들을 홀리는 상금에 눈이 먼다. 그것은 다나이데스의 물통

(돈이 끊이지 않고 채워진다)▽이자 탄탈로스의 형벌(결코 손에 닿지 않는다)▽▽이다.

게임이 진행되고 죽음의 공포에 무뎌지면서 참가자들은 처음의 참가 동기를 점점 잊어버린다. 오로지 돈이 필요해서 게임을 하는 사람은 누굴까? 상우? 아니면 기훈? 마지막 화에서 기훈은 게임을 중단하고 새벽을 대신해 상우에게 복수를 시도한다. 기훈은 게임에서 이기지만 승자가 되기를 거부한다. 기훈은 부채가 단지 금전적인 문제가 아니라는 사실을 깨닫는다. 도덕적 부채 역시 그에게는 중요한 의미이다.

금전적 부채와 도덕적 부채

5화에서 알리는 '은혜를 갚고 싶다'며 상우에게 음식을 나눠 준다. 차비를 주고, 기발한 아이디어를 제시해 줄다리기 게임을 승리로 이끈 공로에 대한 답례였다. 상우는 알리에게 게임을 함께하자고 제안한다. 그때 상우는 아무런 계산 없이 알리와 연대한다. 두 사람은 서로의 이름을 부르며 처음으로 미소 짓는다. 보스가 군림하는 덕수 무리에서는 상상도 할

▽
다나오스의 딸 50명 중 한 명을 제외한 49명은 아버지의 지시에 따라 결혼 상대인 아이깁토스의 아들 49명을 첫날밤에 살해한다. 사후 하데스에서 구멍 뚫린 항아리에 영원히 물을 채워 넣어야 하는 형벌을 받는다. ─옮긴이 주

▽▽
제우스의 아들 탄탈로스는 신들의 비밀을 누설한 죄로 물이 턱 밑까지 오는 못에 갇힌다. 머리 위에는 각종 탐스러운 과일 열매가 있으나 잡으려 들면 바람에 위로 떠오르고, 물을 마시려 몸을 숙이면 못이 말라 버리는 영원히 먹지 못하는 저주를 받는다. ─옮긴이 주.

173

수 없는 풍경이다. 덕수는 두 번째 게임에서 라이터를 빌려준 미녀 덕에 생존했으면서도 은혜를 배신으로 갚는다. 한편 오징어 게임에 잠입한 경찰 준호는 어색한 행동 때문에 다른 진행요원의 의심을 산다. 준호는 상대를 곤경에 빠뜨린 뒤 위기에서 빠져나오지만, 그런 일은 두 번 다시 일어나지 않을 것이다. 진행요원들의 협력 관계는 형식적이며 서로에게 도움을 주지도 받지도 않는다.

새벽은 구슬치기를 포기하는 지영에게 화를 내며 이렇게 말한다. "너 이런다고 내가 고마워할 줄 알지?" 지영은 담담하게 대답한다. "아, 그냥 좀 멋있게 지게 해 줘라." 결국 지영은 마지막 말을 남기고 총살당한다. "고마워, 나랑 같이 해 줘서." 한편 오징어 게임에 다시 참가해 숙소로 돌아온 후 계속 쓰러져 있던 일남이 눈을 뜨자 기훈은 일남을 '영감님'이라고 부르며 이렇게 말한다. "영감님 덕분에 나갔다가 영감님 때문에 들어왔는데, 먼저 가시면 안 되죠." 그리고 마지막 화에서 돈을 굴려 부를 축적한 일남은 불행한 참가들 중 유일한 생존자인 빚쟁이 기훈에게 자조적인 고백을 한다. "돈, 자네도 벌어 봐서 알잖나. 그게, 쉽던가?" 그때 기훈이 품고 있던 온갖 도덕적 부채감, 후회, 원망이 다소 사라지는 것처럼 보인다. 그리고 일남은 결국 숨을 거둔다.

진행요원들은 불쾌하고 뻔뻔하게 마지막으로 살아남은 세 명의 참가자에게 감사를 표한다. "오늘의 만찬은 그동안 파이널리스트 여러분들이 보여 주신 헌신과 노력에 감사드리고 마지막 게임에서 더욱더 멋진 게임을 기대한다는 의미에서 드리는 선물입니다." 마지막 생존자인 기훈, 상우, 새벽은 만찬을 하는 동안 한마디도 나누지 않는다. 오징어 게임 주최 측의 감사 인사는 진짜일 수도 있다. 그래봤자 VIP가 가진 것에 비하면 아주 작고 사소한 일부였을 테니 말이다. 참가자들은 게임 참가 동의서에 서명하는 것만으로 도덕적 부채감을 느꼈을 것이다. 바깥세상에서 진 금전적 부채를 해결하려고 비밀스러운 오징어 게임의 세상에서 도덕적 부채를 지고 만 것이다. 그 결과 참가자들은 이내 금전적 부채만큼이나 무거운 도덕적 부채의 공포에 빠진다.

　456억 원을 거머쥔 기훈은 돈이 VIP들에게 쾌락을 주었을지는 몰라도 행복을 주지는 않았다는 사실을 깨닫는다. 빚을 청산한다 해도 불행하기는 매한가지다. 돈이 얼마가 있는지는 사실 중요하지 않다. 우리를 행복하게 만드는 힘은 돈이 아니라 믿음과 의리에서 나온다. 정말 그렇게 믿고 싶다.

가엾은 백만장자

　분명한 사실 하나. 상속으로 큰돈을 손에 넣는 것보다 손수 땀 흘리며 돈을 버는 것이 훨씬 더 낫다. 저절로 돈이 굴러 들어오면, 죄책감을 느낄 것이다(내가 이 돈을 받을 자격이 있나? 자격이 없는데도 그 돈을 받았다면 나는 부도덕한 사람이다). 예상치 못하게 엄청나게 큰돈을 얻으면 양심의 가책은 더욱더 커진다(기훈 역시 그렇지 않았을까?).

　로또를 하는 사람들을 살펴보자. 프랑스에서 로또에 당첨될 확률은 1,900만 분의 1에 불과하다. 그럼에도 프랑스 복권위원회는 '모든 당첨자는 자신의 운을 시험했다'며 복권을 사도록 사람들을 부추긴다. 분명 모든 비당첨자들 역시 로또로 자신의 운을 시험했고, 그 수는 당첨자들에 비해 셀 수 없을 만큼 많다. 그러나 그것은 중요하지 않다. 복권을 사지 않으면 당첨될 확률은 아예 존재하지 않는다. 로또에 당첨된다고 해서 딱히 큰 기쁨이나 어마어마한 행복을 얻는 건 아니다. 로또 당첨자들은 오히려 믿기지 않는 상황에 충격을 받는다. 로또에 당첨되는 순간 자신을 둘러싼 세상과 현실과 미래가 순식간에 바뀌며, 즉시 수많은 고민이 수반된다. 주변에 당첨 사실을 알려야 할까? 누구를 믿고 의지해야 할까? 이 일로 사랑이나 우정을 잃게 되지는 않을까?

프랑스 복권위원회는 복권 당첨자들에게 심리 상담을 지원하고 당첨 사실을 주변에 밝히지 말라고 권고한다. 실제로 복권에 당첨된 사람들 중 3분의 2가량은 아무 일도 없었던 듯이 기존 생활을 유지한다. 신중하고 엄격한 이러한 삶의 태도는 대체로 50대 이상 당첨자들에게서 확인된다. 어쩌면 삶의 방식을 바꾸기엔 다소 늦은 나이이기 때문일지도 모르겠다.

☞ 함께 읽을거리

Vincent Mongaillard, *Les Millionnaires du loto*, L'Opportun, 2016.

대가가 적을수록 보람을 느낀다?

앞서 2장에서는 생각과 행동이 서로 모순되는 상황, 즉 인지부조화를 해소하기 위해 우리가 얼마나 능숙하게 자기합리화를 할 수 있는지 확인했다. 이제 살펴볼 이 이론에 따르면, 힘들고 지루한 데다 무의미한 일이라 하더라도 금전적 보상이 주어진다면, 해당 작업을 지루하기는커녕 재밌고 보람차게 평가했다. 핵심은 이때 보상의 액수는 보잘것없어야 한다. 이런 결론은 1950년대 말 실행된 한 실험에 의해 도출되었다. 실험에서 주어진 일을 하고 1달러를 받은 피실험자들이 20달러를 받은 피실험자들보다 훨씬 더 강하게 자기합리화를 했다. 스스로 납득할 수 없는 무언가를 말하거나 행하는 대가로 큰 금액의 보상이 제시되면, 우리는 인지부조화를 겪지 않고 그 제안을 단호히 거절할 수 있다. 그러나 몇 푼 되지 않는 금액이 제시되면, 우리는 그 제안을 받아들이고 자기합리화를 하게 된다. 그것은 자신이 거짓말쟁이나, 그 일을 하는 합리적인 이유도 대지 못하는 얼간이라고 인정하는 것이라기보다는 자기기만에 가깝다.

〈오징어 게임〉의 승자에게 주어지는 엄청난 상금은 참가자들에게 자기합리화의 빌미를 제공한다. 참가자들은 아마도 이렇게 생각했을 것이다. '내가 이 모든 일을 견디는 이유는 돈 때문이야. 나답지 않은 일을 하는 것도 돈 때문이고. 내가 나쁜 사람이어서가 아니야.' 그런데 만약 그런 악몽 같고 잔혹한 게임에 걸린 상금이 보잘것없는 액수였다면, 참가자들은 게임에 더욱 몰입했을지도 모른다. 그랬다면 이번엔 이렇게 자기합리화를 했을 것이다. '이 게임을 하는 이유는 내가 승자가 될 자격이 충분하고 이 게임이 재미있는 데다 이 기회를 잡아야 하기 때문이야.' 그게 아니라면 이렇게 생각했을 거다. '내가 여기에 참가한 이유는 내가 보잘것없는 사람이기 때문이야. 따라서 상금의 액수가 보잘것없는 것은 당연해.'

☞ 함께 읽을거리

Leon Festinger·Merrill Carlsmith, "Cognitive consequences of forced compliance", *The Journal of Abnormal and Social Psychology*, 58(2), 1959.

2.

공정한 세상에 대한
환상

신뢰에 대한 갈증

2001년 프랑스 최초의 리얼리티 쇼, 〈로프트 스토리〉 시즌 1 방송 초기에는 다음과 같은 문구가 방송 말미에 등장했다. 'ARS 투표를 해 주세요. 아지즈를 제거하고 싶다면, 2번을 눌러 주세요.' 이 문구는 곧 이렇게 바뀌었다. '아지즈를 살려 두고 싶다면, 1번을 눌러주세요.' 언뜻 덜 폭력적으로 들리지만 결과는 마찬가지이다. 누군가는 탈락한다. 투표를 하면서 우리는 다시 볼 가치가 없는 참가자를 탈락시키는 엄청난 권력을 행사한다. 이길 자격이 없어 보이는 참가자를 솎아 내어 쇼에서 제거하려 한다. 우리는 그를 두고 훌륭하지 못하며 우승의 영광을 거머쥘 자격이 없다고 단정 짓는다. 나아가서는 자격이 있다고 '내가 인정한' 참가자와 그가 함께 경쟁하는 자체가 불공정하다고 여긴다. 직접 쇼에 참여할 수는 없는 시청자는 투표를 통해 자격이 부족해 보이는 참가자는 탈락시키고 합당한 능력을 가진 참가자가 우승하도록 지원함으로써 쇼에 개입한다.

정치도 이와 비슷하다. 대통령 선거 때, 우리는 어떤 후보를

'지지'해서 어떤 후보에 '반대'하기 때문에 표를 던진다. 우리를 대리하기에 가장 부적합한 후보는 누구인가? 정치인의 가면을 쓴 깡패나 루저가 국가 최고 권력자에 오르는 상황을 저지하면, 이 세상에서 불공정을 제거할 수 있을까? 저열하고 졸렬한 자가 권력을 잡지 못하게 막을 수 있을까? 그토록 가벼운 투표용지를 무겁게 여기면, 그런 자들로부터 이 세상을 보호할 수 있을까?

시청자는 〈오징어 게임〉에 투표로 개입할 수 없기에 그저 마음속으로 참가자를 응원할 뿐이다. 지지하는 참가자가 올바른 선택을 내리고 현명하게 게임을 헤쳐 나가길 바랄 수밖에 없다. 반면 우승할 자격이 없는 참가자는 생존하지 않기를 바란다(또는 누군가가 그를 탈락시켜 주기를 바란다). 우리는 아무나 응원하지 않음으로써 공정한 세상을 구현하려고 한다. 〈오징어 게임〉의 참가자들이 진행요원들처럼 이름을 드러내지 않은 채 가면을 쓰고 침묵을 지키며 언제든 대체 가능한 인물들이었다면, 우리는 그 인물들에 감정을 이입하지 못했을 것이다. 그들은 그저 꼭두각시나 다름없을 테니 말이다. 그러나 이류이 있고 얼굴을 드러내며 복잡한 개인사와 개성을 가진 참가자들에게서 우리는 자신의 모습을 발견한다. 동질감을 느끼는 인물의 우승을 바라는 심리는 무척 자연스럽다. 이는 나르시시즘과 카타르시스를 느끼기 위해서이기도 하지만, 우리와 비슷한 사람들이 곤경에서 벗어나는 모습을 보면서 세상이 불공정하지 않다는 사실을 확인하고 싶어서다. 실망, 폭력, 배신, 죽음. 〈오징어 게임〉에서 펼쳐지는 각종 불공정의 끝에는 정의가 기다리고 있다. 냉소주의는 힘을 쓰지 못하고 결국 쓰러진다. 정의 구현을 바라는 마음은 결코 헛되지 않다. 비록 가상의 세계지만, 어쨌든 우리와 같은 사람들은 끝내 보상을 받는다.

이러한 현상을 심리학에서는 '공정한 세상에 대한 환상'이라는 빈정거리는 표현으로 설명한다. 우리는 이 세상을 견디기 위해 공정한 세상에 대한 환상을 버리지 못한다. 이 세상이 고유한 규칙에 의해서가 아니라 그저 어쩌다 이따금 공정한 곳이라면 견딜 수 없기 때문이다. 죽음이 마침내 세상의 부조리에서 멀리 떨어진 곳으로 데려갈 때까지, 우리는 세상을 조소하며 냉소적이고 건조한 태도로 살아갈 것이다. 그러나 공정한 세상에 대한 환상은 그저 인지 편향일 뿐이다. 이와 비슷한 현상으로는 인과관계의 착각, 또는 상관관계의 착각이 있다. 실제로 우리는 어떤 사건 간에 아무런 상관관계가 없음에도 불구하고 이들 사이에 어떤 연관성이 있다고 믿을 때가 있다. 일례로 예전에는 자연재해가 신의 분노라고 여겼다. 흉작이 들거나 큰 화재가 발생하거나, 전염병이 창궐하면 사람들은 신에게서 그 원인을 찾으려 했다. 어질고 현명한 신이 아무런 이유 없이 그런 불행이 벌어지도록 그냥 보고만 있을 리 없다고 믿었다. 사람들은 이러저러한 죄인들 때문에, 혹은 공동체가 신의 뜻을 거슬렀기 때문에 신이 노했다고 믿었다. 현재도 우리는 이런 사고에서 벗어나지 못하고 있다. 가난한 나라가 바이러스나 가뭄으로 고통 받으면 그 나라 국민들이 어려움에서 벗어나려는 노력을 하지 않아서 그렇다고 너무나 쉽게 결론을 내린다. 또 어떤 여성이 강간을 당하면, 그 여성의 행실이 방탕하기 때문이라고 단정한다. 어떤 일이 벌어지든 원인은 이미 정해져 있다는 식이다. 그러나 이런 생각은 상황에 따라 바뀌기도 한다. 만약 우리에게 문제가 발생하면, 문제의 원인을 우연이 아닌 타인에게서 찾는다. 책임 역시 문제를 일으킨 당사자에게 전가한다. 한마디로 내가 실패하면 불리한 상황에서 원인을 찾지만, 남이 실패하면 개인의 실력 부족에서 원인을 찾는다. 심리학에서는 이런 현상을 '기본적 귀인 오류'라 한다.

〈오징어 게임〉의 힘은 우리 각자가 가지고 있는 그런 강력한 환상을 불식시킨다는 데 있다. 선한 사람이 희생되고 비열한 사람은 위기를 모면한다. 거기에는 아무런 이유도, 인과관계도 없다. 정말로 불공평하고 불합리하다. 그런 관점에서 〈오징어 게임〉은 지극히 현실적이다. 현실 사회에서는 사회적 지위나 피부색, 예민하거나 눈에 띈다는 이유로 모욕과 비방의 대상이 되고, 심지어 괴롭힘 받거나 폭력에 노출된다. 〈오징어 게임〉 속 456명의 참가자들은 그것이 공정하지 않다고 생각한다. 인생은 늘 고약하기만 하고, 명예를 회복할 기회를 잡으려면 매 순간 가해 오는 냉혹한 죽음의 위협을 피해 가야 한다. 오징어 게임의 참가자들은 이렇게 생각하지 않았을까. '내가 죽는 것은 불공평해. 그러나 내가 살아남는다면 죽은 자들이 불공평하다 말하겠지. 어쩌면 내가 위기를 벗어나는 것 자체가 불공평할지도 몰라.'

허울뿐인 신념과 도덕

오징어 게임은 잔혹한 바깥세상의 불공정 때문에 사회에서 배제된 사람들에게 다시 재기할 수 있는 기회를 주고자 기획되었다. 프런트맨이 하는 말은 어찌됐든 진심이다. 5화에서 프런트맨은 모두가 평등하게 경쟁하는 게임의 공정성을 역설한다. "너희들은 이곳에서 가장 중요한 걸 망쳐 놨어. 평등이야. 이 게임 안에서는 모두가 평등해. 참가자들 모두가 같은 조건에서 공평하게 경쟁하지. 바깥세상에서 불평등과 차별에 시달려 온 사람들에게 평등하게 싸워서 이길 수 있는 마지막 기회를 주는 거야."

6화 초반에는 '자신의 이익만을 위해' 게임 규칙을 위반한 자들이 처형된 뒤 천장에 매달려 전시된다. 공정을 위해 설계된 게임의 '순수한 이념'을 더럽힌 죗값이었다. 매달린 시신을 배경으로 진행요원의 안내방송이 흘러나온다. "이 세계에서 여러분 모두는 평등한 존재이며 어떠한 차별도 없이 동등한 기회를 부여받아야 합니다. 저희는 이런 불행한 사태가 다시 없을 것을 약속드리며 이번 사태에 대해 참가자 여러분께 진심으로 사과드립니다." 8화에서 진행요원은 힘겹게 경쟁자를 모두 물리치고 넋이 나가 있는 기훈, 상우, 새벽에게 후한 저녁 식사를 대접한다. "오늘의 만찬은 그동안 파이널리스트 여러분들이 보여 주신 헌신과 노력에 감사드리고 마지막 게임에서 더욱더 멋진 모습을 기대한다는 의미로 드리는 선물입니다." 그렇지만 사실 오징어 게임에도 불공정이 숨어 있다. 모든 게임을 기획하며 게임 진행 방식을 훤히 꿰고 있는 호스트가 정체를 숨긴 채 게임에 참여하고 있기 때문이다.

신행요원의 자못 진지하고 오만한 격려의 말은 그래서 더욱 공허하게 들린다. 장기 밀매나 시간을 하는 진행요원은 물론이고, 어떤 진행요원들에게서도 위대한 신념을 위해 일한다는 인상은 받을 수 없다. 어린 시절에 대한 향수와 권태를 물리

치고 싶은 마음 사이에서 게임 기획 동기는 모호해진다. 어쨌거나 호스트는 이타주의자가 아니다. 신념에 대한 프런트맨의 지나친 집착은 공정성과 실효성의 여부를 떠나 호스트의 심기를 거스를 지도 모른다. 그들만의 특권을 누리는 야만적인 VIP들은 참가자들의 평등 따위에는 관심이 없다. 그들은 돈과 게임을 탐할 뿐이다. 의사 병기가 장기 밀매에 은밀하게 가담하고 그 대가로 다음 게임에 대한 힌트를 얻거나, 미녀가 반칙으로 라이터를 사용해도 크게 신경 쓰지 않는다. 가면을 쓴 VIP는 그저 게임이 재밌게만 굴러가면 그만이다.

프런트맨이 공허하게 외치는 평등의 의미가 무엇이건 간에, 오징어 게임 속 세계는 사기꾼, 폭력배, 이기주의자들이 판치는 불공정한 바깥세상과 별반 다르지 않다. 게임의 참가자들은 자신들이 선택하지도 않았고 이해할 수도 없는 규칙을 어기면 즉시 어릴 때처럼 처벌을 받는다. 그들은 그곳에서 살아서 나가지 못할 운명을 직감한다. 가장 운이 좋거나, 가장 비인간적이거나, 아니면 가장 속임수를 많이 쓰는 한 사람만이 막대한 상금으로 빚을 청산하고 승자의 삶을 살게 될 것이다. 카프카와 키르케고르가 말했듯 세상은 불공평하고 불합리하다. 〈오징어 게임〉에서는 적어도 속세에 초연해 도덕적인 삶을 살아야 하는 사람이 가장 뒤틀린 모습을 보여준다. 지영의 아버지는 목사였지만 아내에게 폭력을 일삼았고 딸을 성폭행한 괴물이었다. 244번 '기도남'은 광신도 그 자체다. 다섯 번째 게임을 시작하기 전, 그는 하느님께서 '죄 없는 순수한' 인간을 창조하신 여섯 번째 날을 떠올리며 등 번호 6번을 선택한다. 240번 지영은 그가 기도하는 소리를 들으며 당신이 살아 있는 게 정말로 주님 덕분인 것 같으냐고 묻는다. 그러자 그는 희생된 탈락자들을 위한 기도일 뿐이라고 반박한다. 주변 모두가 그를 부정적으로 바라보지만 정작 자신은 광신적 믿음을 통해 내적인 힘을 얻는 듯하다. 그의 말에 지영은 기도남을 이렇게 조롱한다. "지랄, 자기 손으로 죽여 놓고. 아, 대충 기도만 하면 우리 다 천국 가는 거야? 하늘에 계신 우리 아버지, 저희는 오늘 힘을 합쳐 많은 인간들을 주님의 곁으로 보내드렸습니다."

한국이라는 현실의 세계든, 〈오징어 게임〉의 배경이 된 가상의 세계든, 세상은 부조리하고 불합리하다. 그런 세상에서 최악의 들러리는 천국을 설파하는 이들이다. 화려한 리무진에 실려 바깥세상 길 한복판으로 내던져진 기훈 앞에서 열성적인 전도자는 다가올 지옥 불의 고통을 경고하며 목소리를 높인다. 그는 길바닥에 쓰러져 있는 기훈의 눈가리개를 풀어 주고서 웃으며 말한다. "예수 믿으세요." 게임에서 우승하고 현실 세계로 돌아온 기훈이 희화화된다. 이후 기훈은 여전히 싸움

질이나 하고 다니는 주정쟁이 꼴을 하고 상우의 어머니를 찾아가지만, 절망에 빠진 기훈은 상우의 모친에게 어떤 말도 꺼내지 못한다. 심지어 기훈은 자기 어머니를 살리기에 너무 늦었다는 사실을 깨닫는다. 이것이야말로 진정한 부조리가 아닐까?

우연히 쟁취한 승리

기훈은 최후의 승자가 되지만, 그에게 승자가 될 만한 자격이 있었던 것은 아니다. 그는 대부분의 게임에서 어쩌다 보니 이겼다. 기훈의 인생은 부침이 많았다. 결혼하고 딸을 얻었지만, 이혼하면서 아내와 딸 모두 그의 곁을 떠났다. 경마에서 돈을 따 사채 빚을 갚고 딸에게 생일 파티를 열어 주려 했지만 소매치기를 당하면서 기분 좋게 주었던 팁까지 다시 구걸해야 하는 처지가 된다. 그는 맨 마지막 참가자로 모집되어 456번을 부여받아 목숨을 걸고 게임에 참여하게 된다. 7화에서는 다음 게임이 무엇인지 모른 채 참가자들이 등 번호를 선택하는 장면이 등장한다. 기훈을 포함한 몇 사람이 등 번호를 아직 선택하지 않은 상황에서 그것이 다음 게임을 시작하는 순서라는 사실이 밝혀진다. 정확히 어떤 식으로 게임이 진행될지 모르는 상황에서 먼저 나서는 게 좋을까? 최대한 마지막에 나오는 것이 좋을까? 기훈은 시간이 정해진 게임이라면 먼저 시작하는 편이 낫겠다고 생각한다. 일리가 있다. 반면 게임을 늦게 시작할수록 시간을 벌수 있으니 어떻게 할지 계획을 세우고 앞서간 사람들의 실패에서 교훈을 얻을 수 있다. 학교에서 암송 시험을 보거나 발표를 할 때와 비슷하다. 위험을 감수하더라도 보너스 점수를 받을 수 있으니 먼저 나서는 게 좋을까? 아니면 실수를 했을 때 더 큰 망신을 당하더라도 다른 사람들이 하는 것을 보면서 복습을 한 뒤 마지막으로 하는 것이 좋을까? 96번은 인생에서 딱 한 번만이라도 눈치 보지 않고 용기를 내보고 싶다며 기훈에게 등 번호 1번을 자신에게 양보해 달라고 부탁한다. 그런데 막상 게임을 시작하고 보니 1번으로 다리를 건너는 일은 자살행위나 다름없지 않은가. 기훈은 순전히 운으로 맨 마지막에 다리를 건넌다. 기훈의 가장 큰 행운은 마지막 화에서 밝혀진다. 일남의 생존을 확인함으로써 기훈은 일남을 죽음으로 내몰았다는 죄책감에서 해방된다. 자신을 속인 일남에 분노한 기훈은 자신의 손으로 일남을 죽이겠다고 다짐하지만, 기훈이 손에 피를 묻히기도 전에 일남은 숨을 거둔다. 그렇게 기훈은 또 한 번 죄를 지을 뻔한 상황에서 벗어난다.

일남의 죽음 이후, 죄책감에서 다소 벗어난 기훈은 세상 밖으로 나와 자신을 돌보고 외모를 가꾸며 딸과 새로운 삶을 시작하기 위해 미국행을 계획한다. 그러나 결국 그는 오징어 게임의 배후에서 게임을 주관하는 조직에 맞서기로 결심하고 한국에 남는다. 그 선택은 굴러 들어본 복을 스스로 차버리는 치명적 실수일까? 아니면 기훈이 그만큼 성숙하고 헌신적인 인간으로 거듭났다는 반증일까? 분명히 말할 수 있는 것은 기훈의 마지막 결정만큼은 우연이 아니라 기훈이 직접 내린 선택이라는 사실이다.

승자의 저주

450억이라니, 대체 얼마나 큰돈인가? 기훈은 우승자인 동시에 '승자의 저주'를 받은 희생자이다. 이길 확률이 극도로 낮은 게임에서 기훈은 우승과 동시에 친구와의 우정, 인간성에 대한 믿음, 자기 자신마저 잃어버린다. 게임 이전까지 기훈의 가장 큰 문제가 돈이었다면, 이제 기훈은 자기 자신을 회의한다.

기훈의 상황은 '승자의 저주' 또는 '피루스의 승리'로 표현될 수 있다. 기원전 280~279년, 에피루스의 군주 피루스 1세는 과감하게 로마를 공격했다. 그의 군대는 로마군에 커다란 피해를 입힌다. 그러나 로마의 병사들은 쉽게 충원되는 반면, 본거지에서 멀리 원정을 왔던 피루스 군대는 병력 손실을 감당하기 어려웠다. 아스클룸 전투 이후, 피루스 왕은 이런 승리를 또 한 번 거두었다가는 자멸하리라 예견했다. 이후 '승자의 저주'는 경쟁에서는 이겼지만, 승리에 과도한 비용을 치름으로써 오히려 위험에 빠지는 현상을 일컫는 말로 사용된다.

전쟁터에서도 적의 목숨을 살려 줄 수 있다?

과도한 빚의 악순환과 삶의 무게에 짓눌려 오징어 게임에 참가한 기훈은 게임을 하는 동안 도덕적 가책을 느끼며 양심에 큰 혼란을 겪는다. 그럼에도 마지막 게임에서 기훈은 경쟁자인 상우를 살려 주면서 인간성에 대한 근본적인 믿음을 버리지 않는다. 둘 중 하나가 죽어야 하는 상황에서 경쟁자를 살려 주다니, 기훈은 성인군자라도 되는 것일까?

심리학 연구를 보면, 쓰러진 적을 돕는 일이 그렇게 특별한 현상은 아니다. 밀그램 실험에서 우리는 이미 70퍼센트가량의 사람들이 내키지 않으면서도 권위에 복종해 다른 이에게 전기 충격을 가했던 연구 결과를 확인했다(2장 참조). 70퍼센트라니, 엄청난 수치이다. 그러나 일남처럼 인간성에 대한 기대가 거의 없는 사람들의 입장에서 보면, 전기 충격을 가하라는 연구진의 요구를 거부한 사람이 30퍼센트나 된다는 결과가 더 놀라운 수치이다.

전쟁터에서 무기를 들고 싸웠던 퇴역 군인들을 상대

로 진행한 조사는 의외의 사실을 알려 준다. 그들 중 대다수는 전투 중에 적군을 살려 주었다. 나의 생명이 직접적인 위협을 받지 않는 한, 코앞의 적에게 방아쇠를 당기지 않는 일은 특별한 행동이 아니다. 오히려 진짜 놀라운 사실은, 적이 물리적으로 먼 거리에 있거나 방아쇠를 당기는 순간 적의 눈을 보지 않는다면, 또는 명령에 복종해 의무를 실행한다고 생각하거나 적군을 압살하고 인간성을 말살하는 현란한 프로파간다가 주입되면, 군인들은 적군의 목숨을 빼앗는 일을 가볍게 여길 수 있다는 점이다.

2014년 개봉한 앤드루 니콜 감독의 영화 〈드론 전쟁 : 굿 킬〉에서 전직 전투기 조종사 토미 이건은 미국 드론 전략팀에 배치되어 무인 드론으로 탈레반을 제거하는 임무를 수행한다. 위성 이미지에서 보는 그의 타격 목표는 너무나 작아서 그것이 무엇인지 현실적으로 실감되지 않는다. 그는 타격 대상이 울부짖는 소리도 듣지 못하고 그들의 시신도 볼 수 없다. 언뜻 비디오 게임만큼이나 쉬워 보인다. 그러나 사실 그렇지 않다. 토미 이건은 날이 갈수록 양심의 가책을 느끼며 괴로워하지만 아내를 비롯해 그의 곁에 있는 누구도 그를 이해하지 못한다. 오징어 게임 숙소에서 한밤중 난투극이 일어났을 때, 참가자들이 서로를 죽고 죽일 수 있었던 것은 그들 스스로 살인을 저지르겠다는 의도를 품고 있지 않았기 때문이다. 물론 덕수 같은 인물은 계획적으로 냉정하게 사람을 죽일 수 있다. 그러나 다른 참가자들은 혼란, 절망, 착란상태에 빠져 자기도 모르게 난폭한 광기를 드러내며 다른 이들을 죽인다. 그것은 분명 누구의 탓도 아니다. 기훈은 스스로 사회와 운명, 그리고 오징어 게임의 희생자라고 생각할 수 있겠지만 마지막에 상우를 살려 주면서 자기 자신을 희생자로 만드는 일만큼은 피해 갈 수 있었다.

☞ 함께 읽을거리

Dacher Keltner·Jason Marsh·Jeremy Adam Smith, *The Compassionate Instinct*, Norton, 2010.

3.
최악의 상황에
의미 부여하기

불공정한 세상에서 정의로운 태도를 견지하는 일

지그문트 프로이드, 알프레드 아들러의 영향을 받은 오스트리아 정신의학자 빅터 프랭클은 자신만의 독자적인 연구 영역을 구축했다. 그는 불우 청소년을 위해 다수의 상담소를 개소했고 비엔나 정신병원에서 자살 위험성이 있는 여성들을 치료했다. 제2차 세계대전이 발발하면서 유대인이었던 그는 아우슈비츠 강제수용소로 끌려간다. 그는 수용소에서 생활하며 1920년대 중반부터 발전시켜 온 의미치료에 더 강한 확신과 영감을 갖는다. 존재의 의미, 상황에 의미 부여하기, 불행을 해석하는 방식 등 심리학에서 철저하게 무시해왔으나 반드시 연구가 필요했던 영역에 천착했다.

그는 수용소에 있는 동안, 안정된 삶이 보장되지 않는 끔찍한 생활 속에서도 하루하루를 잘 견디는 사람들이 타인을 배려하며 자신의 존엄성을 끝까지 지켜 낸다는 사실을 확인했다. 그들이 최악의 상황을 견디고 살아남을 수 있었던 이유는 무언가를 성취하려 했거나 누군가를 돌보려 했기 때문이다.

이후 수용소에서 나온 프랭클은 참혹한 시련을 견디고도 인간이 왜 살아야 하는지, 그 의미를 찾도록 도와주는 심리 치료법 '로고테라피(의미치료)'를 창시했다.

21세기에 와서도 어빈 얄롬Irvin Yalom과 같은 정신과 의사들은 이러한 의미치료를 통해 정신적 고난을 겪는 많은 환자들의 치유를 도왔다. 의미치료의 핵심은 아무리 비참하고 고통스러운 상황에서도 삶은 의미를 지닐 수 있으며 인간의 구원은 사랑을 통해서 이루어질 수 있다고 믿는 것이다. 어리석고 하찮고 감성적인 생각일까? 대책 없는 낙관주의일까? 뭐든 상관없다. 중요한 것은 삶의 의미를 그저 '발견'하기를 바라는 것이 아니라 스스로 그 의미를 추구하여 '자각'해야 한다는 것이다. 이러한 접근법은 막연하게 이론을 해석하고 이해하는 것이라기보다 삶의 의미를 찾지 못해 고통을 겪는 이들에게 도움이 되는 실용적 수단에 더 가깝다. 한마디로 의미치료 이론은 난해한 학문이 아니라 심리 치료를 위한 일종의 가이드북이라 할 수 있다.▽

제2차 세계대전 중, 어떤 비유대인들은 목숨 걸고 유대인을 보호했다. 우리는 그들을 의인이라 부른다. 의인이란 다른 누군가, 심지어 모르는 사람이거나 적일지라도 도움이 필요한 타인을 돕기 위해 최선의 노력을 다하는 사람이다. 그들은 남

▽
빅터 프랭클, 「삶의 의미를 찾아서」, 이시형 옮김, 청아출판사, 2005.

을 재단하지 않고, 자신의 이득을 위해 다투지 않으며, 부화뇌
동하지 않는다. 그리고 자신이 한 일에 대해 어떤 보상도 바라
지 않는다. 르완다의 후투족은 서로 대립하는 와중에도 투치
족을 구하려 했다.▽

비록 소수일지라도 누군가는 지시된 가혹 행위를 거부할 수
있다. 밀그램의 실험에서 소수의 피실험자들이 다른 이에게
전기 충격을 가하라는 권위적인 요구에 복종하지 않은 것처럼
말이다.

'멋있게' 타인을 배려하는 마음

마지막 화에서 기훈은 마지막 라운드였던 오징어 게
임에서 제비뽑기를 통해 공격을 고른다. 게임이 시작되자 기
훈은 상우처럼 냉정한 태도로 그때까지 한 번도 보이지 않았
던 공격성을 드러낸다. 기훈은 자신보다 더 냉혹하고 이성적
인 상우가 미처 알아채지 못한 원망과 증오를 품고 있다. 새벽
의 목을 베어 숨통을 끊어 놓은 상우에 대한 증오. 깐부 일남을
배신한 자기 자신에 대한 증오. 여섯 개의 살인 게임과 그 게임
을 기획하고 즐긴 가학적인 변태들을 향한 증오. 그러나 기훈
은 상우에게 게임을 그만하자고 제안하면서 인간성을 놓지 않
는다. 기훈은 결과에 아랑곳하지 않고 돈과 승리를 포기하더

▽
Jacques Roisin, *Dans la nuit la plus noire se cache l'humanité.
Récits des justes du Rwanda*, Les Impressions nouvelles, 2017.

라도 상우를 구하려 한다. 이번에는 일남에게 했던 것처럼 자신의 양심을 속이지 않고, 인간의 존엄을 지키려 한다. 그는 정의로운 사람이기 때문이다. 상우 역시 칼을 움켜잡지만, 우리의 예상과 다르게 기훈이 아닌 자신을 찌르면서 스스로 목숨을 끊고 기훈에게 승리를 안겨 준다. 알리에게는 해 주지 못했던 그 일을 상우는 비로소 기훈에게 해 줄 수 있게 된다. 상우 역시 이로서 자신의 죄를 씻는다.

보잘것없는 나의 생존보다 훨씬 더 큰 가치를 위해 죽는 것, 조금 부족한 사람이지만 나의 희생으로 더욱 성장하게 될 그의 승리를 돕기 위한 희생은 패배인 동시에 패배가 아니다. 덕수에게 복수하기 위해 그를 끌어안고 자살한 미녀는 그 사실을 몰랐을 것이다. 그러나 지영은 아니었다. 새벽을 살리기 위해 희생하기로 결심한 지영은 이렇게 말한다. "야, 그냥 좀 멋있게 지게 해 줘라." 멋있게 죽는다는 것은 테러리스트처럼 자폭 테러로 가능한 많은 사람들의 생명을 앗아가는 것이 아니다. 마지막 자존심을 내세우며 허세를 부리거나 관 뚜껑이 닫히지 않을 정도로 자아를 부풀려 장엄하게 산화하는 것이 아니다. 멋있게 죽는다는 것은 귀감이 될 만한 죽음을 선택하는 일이다. 널리 회자될 만한 죽음, 모두에게 무언가 깨달음을 주는 그런 죽음 말이다. 그렇다면 멋있게 산다는 것은, 누군가를 위해 희생할 줄 아는 삶을 말하는 것이 아닐까?

열린 결말

일남은 어마어마한 부를 축적했지만 거대한 공허함에 빠져 있는 인물이다. 가족의 사랑도 그의 허무를 채우지 못했다. 일남은 죽기 전, 기훈이 상금으로 받은 456억 원에 손끝하나 대지 않은 이유가 죄책감 때문인지 묻는다. "자네가 상금은 손도 대지 않고 그대로 산다고 들었어. 그 돈은 자네의 운과 노력의 대가야. 자네는 그걸 쓸 권리가 있어." 기훈은 스스로 자신은 승리할 자격이 없다고 생각하고 그 승리를 영광스럽게 생각하지도 않기에 상금을 한 푼도 쓰지 않는다. 일남은 결국 침대 위에서 죽음을 맞이하고 기훈은 그가 죽고 나서야 비로소 죄책감과 외로움, 삶의 공허감에서 벗어난다. 기훈은 오징어 게임에서 우승하고도 자발적으로 사회에서 소외된 채 자신을 벌했고 결국 그 모든 것이 헛된 것이 아니었음을 깨닫는다. 그제서야 기훈은 살아남은 사람이 상대 가족을 보살피기로 했던 새벽과의 약속을 이행한다. 새벽의 남동생을 보육원에서 데려와 상우의 어머니에게 거액의 양육비와 함께 맡긴다. 이후 기훈은 딸을 만나러 미국으로 떠나기로 결심한다. 기훈은 피로 물든 전리품으로 나 혼자 부를 누리는 대신 새벽과 상우를 챙김으로써 더러워진 돈의 명예를 회복시킨다. 이미 돌이 키기엔 늦었다. 기훈은 VIP처럼 살 수 없다. 그는 타인을 배려하고 딸에게 존경받기 위해 최선을 다하는 평범한 남자로 살아갈 것이다. 그것이 바로 멋지게 사는 길 아니겠는가.

공교롭게도 공항으로 가는 지하철에서 기훈은 우연히 오징어 게임에 참가하려는 한 남자를 마주친다. 기훈은 그가 함정에 빠지지 않도록 거칠게 만류한다. 그리고 미국행 비행기 탑승 직전 오징어 게임 명함에 적힌 연락처로 전화를 걸어 이렇게 경고한다. "잘 들어. 난 말이 아니야, 사람이야. 그래서 궁금해. 너희들이 누군지, 어떻게 사람에게 이런 짓을 할 수 있는지. 그래서 난 용서가 안 돼, 너희들이 하는 짓이." 기훈은 결국 비행기를 타지 않고 발걸음을 돌린다. 기훈은 가족에게 헌신함으로써 이루어지는 구원을 포기한다. 다시 오징어 게임에 참가해 경험을 공유하고, 일남에게 전수받은 게임의 요령을 전파하며 불의에 대항하고, 그가 겪은 불행을 다른 이들이 겪지 않도록 보호한다면, 어찌됐든 기훈은 구원받을 수 있을 것이다.

그것이야말로 진짜 멋있게 사는 것이 아니겠는가? 그게 아니라면 기훈은 새로운 호스트와 새로운 오징어 게임에 정면으로 맞서면서 멋있게 죽을 수도 있다. 〈오징어 게임〉 시즌 2가 기대된다.

생존자 증후군

오징어 게임의 승자는 곤경에서 벗어나 만족감을 느끼며 살아갈 수 있다. 그러나 동시에 그런 지옥에서 내 손으로 누군가를 희생시키는 일에 기꺼이 가담했다는 죄책감도 느낄 수 있다. 생존자가 16명밖에 남지 않아 승자가 될 확률이 매우 높아졌는데도 69번은 목을 매 자살한다. 그는 지영과 일남처럼 다른 참가자의 승리를 위해 희생한 것이 아니다. 아내의 죽음에 무거운 양심의 가책을 느끼고 자살하는 유일한 인물이다.

실제로 다른 이들이 희생되는 상황에서 홀로 생존하거나, 홀로 곤경에서 빠져나오면 육체적 상처를 입는 것만큼이나 큰 정신적 혼란을 겪는다. 이런 현상을 '생존자 증후군'이라 한다. 자동차 사고나 테러에서 혼자 살아 돌아온 사람, 전쟁터에 나갔다가 전우들을 잃은 군인, 함께 부병하던 환자들은 죽고 자신만 회복된 암 환자에게서 종종 발견되는 증상이다.

그런 사람들의 머릿속에는 같은 질문이 떠나지 않고 계속 맴돈다. 왜 나만 살아남았을까? 내가 그럴 만한 자격이 있을까? 이제 뭘 해야 하지? 삶의 방향을 전환하고 이전과는 다른 사람이 되어 내가 얻은 행운을 타인을 돕는데 쓰며 감사를 표해야 할까? 이런 상태는 죽음의 위협 이후에 찾아오는 두 번째 위기라 해도 과언이 아니다. 물론 어떤 이들은 이런 증상을 겪지 않을 수도 있다. 그러나 또 어떤 이들은 죽을 뻔했던 질병이나 충격을 겪은 후, 삶의 우선순위를 바꾸고 자신을 성찰하며 삶의 방향을 재설정한다. 그들은 불필요한 족쇄를 풀고 자의에 의해, 혹은 타의에 의해 속박되어 있던 감옥에서 비로소 해방된다. 충격을 딛고 일어나면 새로운 삶은 시작될 수 있다. 그것이야말로 진짜 삶이 아니겠는가?

☞함께 읽을거리

Gustave-Nicolas Fischer, *Le Ressort invisible. Survivre aux situations extrêmes* Dunod, 2014.

Patrick Clervoy, *Le syndrome de Lazare. Traumatisme psychique et destinée*, Albin Michel, 2007.

우리 모두의 게임

"보는 것이 하는 것보다 더 재미있을 수가 없지." 마지막 화에 등장하는 일남의 과거 회상 장면 중, 수년간 오징어 게임을 관람하기만 했던 일남이 프런트맨에게 한 말이다. 이 말은 우리 삶에도 통용된다. 물론 〈오징어 게임〉의 황동혁 감독이 구현한 세계, 그러니까 진짜 세계라고 하기에는 너무나 악몽 같고 작위적이며, 가짜 세계라고 하기에는 인물들의 심리가 너무나 공감되는 그런 세계에서는 통용될 수 없을 테지만. 〈오징어 게임〉속 세계가 끔찍한 이유는 이야기만 들어도 두려울 만큼 잔혹하고 야만적이며 퇴폐적이어서가 아니라 인간의 저열한 밑바닥이 드러나기 때문이다. 문제의 핵심은 바로 거기에 있다. 인간은 누구나 그렇게 행동할 수 있다. 그저 그런 게 인간이다. 누구나 최악의 상황에 처할 수 있다. 그리고 누군가는 정의의 편에 설 수 있다. 설령 그것이 자신의 생존에 전혀 도움이 안 된다고 해도 말이다. 그것이 바로 인간 존엄의 문제이기 때문이다.

인간성을 잃지 않으려는 시도는 사람이라면 누구나 참여해야만 하는 게임인지도 모른다. 그리고 때로 그것은 위험한 도박일지도.

오징어 게임 심리학

초판 1쇄 인쇄 2022년 7월 25일
초판 1쇄 발행 2022년 8월 10일

지은이 장프랑수아 마르미옹
옮긴이 박효은

펴낸이 정은선
책임편집 최민유
편집 김영훈 이은지 허유민
마케팅 강효경 왕인정 이선행
디자인 thiscover.kr

펴낸곳 ㈜오렌지디
출판등록 제 2020-000013호
주소 서울특별시 강남구 선릉로 428
전화 02-6196-0380
팩스 02-6499-0323

ISBN 979-11-92186-73-3 03180

www.oranged.co.kr